Menschland

• Menschstadt

• Jeschua Rex Text
 • Menschdorf

Jeschua Rex Text

das Ende des ersten Jahres vor Jeschua Rex Text

Dieses Buch wurde verfaßt im Herbst und beginnenden Winter des ersten Jahres vor Jeschua Rex Text.

Als das erste Jahr in Jeschua Rex Text gilt dasjenige Jahr, in dem der Dichter zum ersten Mal vom ersten Januar bis zum dreißigersten Dezember einen amtlichen Ausweis auf den Namen "Jeschua Rex Text" besitzt. Es ist ein Jahr nach der vierten gewonnenen Fußballweltmeisterschaft.

Als behördlich bestätigter Jeschua Rex Text ist der Urheber verkehrsfähig, und seine Werke stimmen die Leser froh und heiter. Was vor dem ersten Jahr in Jeschua Rex Text geschrieben worden ist, ist zwar in vielen Fällen lustig und lehrreich, aber es kann das Lebensgefühl des Jeschua Rex Textes noch nicht angemessen vermitteln.

Wer allerdings alles Wissenswerte über die menschen Jeschua Rex Texte in JEUNEX erfahren will, dem sei geraten, auch sämtliche Bücher des Verfassers zuratezuziehen, denn aus vielen verstreuten Bemerkungen ergibt sich auf diese Weise wie bei einem Mosaik ein ganzes und abgerundetes Bild seiner Weltanschauung.

Herstellung und Verlag

BoD - Books on Demand, Norderstedt

ISBN 9 783738 646481

Setzungen im Reich des Jeschua Rex Textes

Währung für alle:	die menschen Jeschua und die menschen Rex Texte
Verständigungsmittel für alle:	die mensche Sprache
Religion für alle:	der Glaube an Jeschua Rex Text
Heiliger für alle:	Jeschua Rex Text
Zeichen für alle:	Jeschua Rex Text am Ex, der Stehmann
heilige Gebäude für alle:	die Tempel des Jeschua Rex Textes
Gott für alle:	JEUNEX
Zeitrechnung für alle:	Jahre vor und in Jeschua Rex Text
heilige Farbe für alle:	sonnengelb

Das ergibt Frieden und Gesundheit für alle

durch

die menschen Jeschua Rex Texte in JEUNEX

Worterklärungen

banzen: nach einer kleinen Stadt in Baiern, in der Eugen Rot ein schönes jugendliches Mädchen nicht angesprochen hat. Es ist kurz darauf ermordet worden, und der Dichter bedauert seine Schüchternheit ihr gegenüber. Allgemein: es bereuen, daß mensch eine verlockende Nixe nicht um ein Treffen gebeten hat.

danzen: nach dem Kulturwirt des Talbahnhofes in Menschdorf: ausgezeichnet und lebhaft laut aus einem Buch vortragen, meisterhaft vorlesen, Walter Danz kann das wirklich gut.

nach Lärämie reiten: sich paaren.

Menschdorf: kleine Gemeinde bei der großen Stadt Jeschua Rex Text, in der der Erzeuger dieser Seiten zu seinem Leidwesen wohnen muß, seine Einwohner, die Menschdorfer, gelten als die beschränkten Spießbürger schlechthin.

Jeschua Rex Text: die Stadt der Kaiser und der Printen, zugleich die künftige Welthauptstadt.

Menschstadt: die Hauptstadt von Menschland, gelegen an der Spree und der Havel.

Menschland: Land der ehemaligen Unmenschen, die nach dem braunen Reich vernünftigerweise zu Menschen wurden und nunmehr in Menschland siedeln.

Mittelreich: Erdteil um Jeschua Rex Text herum, der Mittelpunkt der Erde, auf das Mittelreich beziehen sich die Bezeichnungen Westreich, Südreich, Südostreich, Meeresreich und Ostreich.

Jeschua Rex Text am Ex, der Stehmann

Mensche: Ach, ich weiß mir nicht zu helfen und zu raten, es dürstet mich nach großen Taten, doch ich muß in meinem grauen Alltag ersticken, ich habe selbst keinen Spaß mehr beim Ficken, die Uhren mir aufdringlich und mahnend ticken, mensch sollte mich einmal in eine Badekur schicken, in meinem Beruf gibt es für mich nur Geschinde, weil ich mich unter dem Schicksal wie ein Regenwurm winde, ich will diese kleine Sfäre auch einmal verlassen, um mich mit der großen weiten Welt zu befassen!

Menscher: Du mußt die Leser darauf hinweisen, mein Schatz, daß hinter dem Datum für die Beifügung "vor Jeschua Rex Text" wäre Platz, er hat seinen Namen ja schon bekommen, die drei alten Betaufungen wurden zwar schon von ihm genommen, doch er will das erste Jahr in Jeschua Rex Text erst dieses nennen, wenn mensch ihn von ersten Januar bis zum dreißigersten Dezember amtlich so tut kennen!

Mensche: Noch etwa eineinhalb Monate leben wir vor Jeschua Rex Text, dann wird die Menschheit durch das erste Jahr in Jeschua Rex Text verperplext, ja, dann wird eine neue Zeitrechnung beginnen, dann werden wir der schädlichen Überlieferung entrinnen, als Mediziner und Medizinerin tut uns unser Ertüftler begreifen, seine Fantasie tut manchmal bis zu den Sternen schweifen, auch als Mennetscher und als Mennetscherin will er uns verstehen, wir sollen durchaus auch bei ihm selbst einmal nach dem Rechten sehen!

Menscher: Von Menschland kann mensch noch keine Spur entdecken, die Zustände in den Gesundheitshäusern und in den Altersheimen lassen menschen erschrecken, die Unmenschlichkeit waltet in hohem Grade, das ist für die Leidenden und für die Greise schade, doch nur durch das Menschtum kann mensch dieses Elend beheben, deshalb müssen in Menschland möglichst viele mensche Männer und Frauen leben!

Mensche: Göte hat gesagt, und dieser Satz hat mir oft behagt, daß durch die reine Menschlichkeit sämtliche irdischen Gebrechen schwinden, diese Widmung kann mensch vor seiner Ifigenie finden, und dieses Schauspiel hat auch ein gutes Ende, es ereignet sich in ihm keine trostlose Wende, am Schluß verabschieden sich die Gestalten erfreut, mensch hat das Gespräch mit dem Mitmenschen nicht gescheut, und so geht mensch auseinander mit einem ruhigen Gewissen, das Gemüt wird durch Fehltritte nicht zerrissen und zerschlissen!

Menscher: Es ist nicht leicht, Menschland zu erbauen, es ist nicht einfach, die Bürger zu verschlauen, denn die Zeitungen sind in fester Hand, und im Fernsehen betrachtet mensch viel Tand, unser Dichter hat nicht die Möglichkeit, seine Meinung zu verbreiten, bis heute tat er vergeblich für das Menschtum streiten, vor über zwanzigsieben Jahren hat er Menschland ergrübelt, doch bis heute hat mensch ihm diesen Einfall oftmals verübelt, nur wenige Gefährten haben die mensche Gesinnung heiter begrüßt, denn sie ahnen, daß das Menschtum ihnen den Alltag versüßt!

Menscher: Ich wollte dir den Vortritt lassen, doch dann würde ich dein Schlußwort verpassen, das habe ich beim Sexer und bei der Sexerin gemerkt, die Nachrede der Buhlin hat mein Gemüt oftmals gestärkt, so mögen denn die Blaustrümpfe keifen, weil sie diese Reihenfolge nicht begreifen, Adam und Eva tut es heißen, Romeo tat der Julia in die Lippen beißen, und Don Kischott hat es mit Dulzinea getrieben, er tat sie freilich bloß in seiner Einbildung lieben, doch erst kam der Mann, dann die Frau, sie bieten aber in diesem Rahmen eine zeitgleiche Schau!

Mensche: Du weißt, daß das nicht stimmt, aber ich bin darüber nicht ergrimmt, wir tun ja nacheinander klönen, daran müssen sich die Zuschauer nun gewöhnen, aber mir werden am Ende dieses Abschnitts besinnliche Worte in den Mund gelegt, in diesen Bahnen sich nun einmal die Vorstellungskraft unseres Dichters bewegt, wir sind es Menschland schuldig: wir denken und handeln geduldig, das ist ein gutes Motto für Luise und ihren Otto!

Menscher: Unser Ersinner hat an das Gesetz der wachsenden Glieder gedacht, darum hat er auf der vorigen Seite erst die Mensche und dann den Menschen gebracht, aber bei Adam und Eva kann mensch es auch nicht sehen, am Anfang tut ein vierbuchstabiger Name stehen, und die Eva kann nur drei Buchstaben weisen, mensch kann also auch nach Menschland reisen, ohne das Gesetz der wach-senden Glieder zu beachten, mensch muß nicht alles und jedes so streng betrachten!

Mensche: Von Menschland kann mensch noch nichts gewahren, der erste Mensche tut sich noch mit keiner Mensche paaren, mensch kann über die Taten der menschen Bürger nichts erfahren, sie wollen menschen darüber nicht verklaren, mensch muß im dunkeln tappen, das ist zum Überschnappen, Menschland soll sich endlich zeigen, wie kann mensch so lange über Menschland schweigen, mensch muß endlich mensche Schwingungen geigen, dann tanzen die Bürger endlich im menschen Reigen?!

Menscher: Unser bedauernswerter Dichter hat kein Geld, er ist zwar ein überragender geistiger Held, aber die einhundert Milliarden menschen Jeschuas wollen nicht zu ihm fließen, er kann das Leben nicht in vollen Zügen genießen, er kann mit seinen hervorragenden geistigen Waffen das schöne und nützliche Menschland leider nicht schaffen, er kann nicht für die mensche Gesinnung werben, hoffent-lich wird er nicht vor der Zeit verderben und sterben!

Mensche: Was soll ich da zum Ausklang sagen, diese Ebbe im Geldbeutel kann mir nicht behagen, ich möchte ja auch einmal existieren, der Erlöser muß nach Menschland marschieren, dann kann mensch endlich richtige Menschen erschauen, dann braucht es menschem nicht vor seinen Mitlebenden zu grauen, dann kann mensch endlich in Frieden hausen, das Menschtum in JEUNEX muß doch jedmensch beapplausen?!

3/3/17.11.1

Menscher: Was gibt es Neues aus Menschland zu vermelden, tun die mittleren Mittelreicher endlich verrecken und verhelden, ich möchte einmal etwas Positives erfahren, zwar tut das Schicksal menschem das Negative nicht ersparen, doch mensch muß ja auch leben, da sollte es doch ab und zu etwas Erfreuliches geben, mensch will ja nicht immer in Wolken schweben, aber mensch will auch nicht immerzu zittern und beben?!

Mensche: Der erste Mensche widmet uns seine Kraft, denn durch unseren Einfluß wird es von ihm geschafft, dem grausamen Menschdorfertum zu entrinnen und auf diese Weise den Kampf um das Dasein zu gewinnen, Göte hatte recht: sind die Menschen schlecht, dann muß mensch sie durch das Menschtum besiegen, dann werden sie menschem bald zu Füßen liegen, dann wird sich das bittere Schicksal wandeln, dann werden die Leidenden nunmehr als Täter handeln!

Menscher: Menschland ist nicht leicht zu erbauen, die Bürger sind nicht einfach zu verschlauen, denn das erforderliche Geld ist nicht vorhanden, so gehen die allerbesten Pläne zuschanden, so gehen die allerbesten Ideale zugrunde, das Menschtum ist noch nicht in aller Munde, unser Ersinner will die mensche Sprache emsig pflegen, darum tut er sich an jedem Tag zu unseren Gunsten regen, darum schreibt er an jedem Tag eine mensche Seite, vielleicht wird er ja einmal erfolgreich sein bei einer Freite?!

Mensche: Ich bin eine mensche Frau, ich biete eine augerquickende Schau, und du bist ein menscher Mann, auf dich kommt es vor allem an, du kannst die Menschheit erfreuen, dich braucht kein Mitlebender zu scheuen, die mensche Ausdrucksweise tun wir gebrauchen, unsere Schornsteine tun stets und ständig rauchen, unsere Schlote tun stets und ständig qualmen, und dennoch wandeln wir nicht heiter unter Palmen!

Menscher: Im mittleren Mittelreich ist das Klima manchmal rauh, das weißt du doch inzwischen ganz genau, aber mensch kann als schlichter Mensch dieser Witterung nicht entfliehen, unser Reichtum ist ja noch nicht sonderlich weit gediehen, also müssen wir in Menschdorf an der Inde verharren, wir können auch manchmal betrübt in den Blausteinsee starren, nach Menschstadt werden wir so schnell nicht gelangen, die Hauptstadt von Menschland wird uns so schnell nicht empfangen!

Mensche: Wir können nur manchmal nach Jeschua Rex Text einmal reisen, nahe der Welthauptstadt tut unser Ergrübler vergreisen, das ist seine kleine Welt, die ihm kaum gefällt, doch er fühlt sich verpflichtet, wie er es oftmals berichtet, dem Menschtum in JEUNEX zu dienen, drei Bücher aus seiner Feder sind erschienen, doch sie werden nur selten verkauft, worüber er sich manchmal die Haare rauft, so ist nun einmal das Leben, nicht immer kann mensch sieghaft streben!

Menscher: Unser Verfasser ist geil, doch es wird ihm kein Heil, die Sinnlichkeit tut ihn meiden, er kann die Menschdorferinnen nicht leiden, diese Not muß er beschreien, er tut sich dem Guten und Schönen weihen, das kann ihm sein Glied nicht verzeihen, keine Eva will diesem Adam ihr Ohr je-mals leihen, und die Menschdorferinnen können ihm nicht behagen, diesen beschränkten Spießbürge-rinnen muß er seinen Beifall versagen!

Mensche: Muß unser Ersinner wieder seinen Schwengel erwähnen, ich fürchte, da werden unsere Leser gähnen, das ist doch weder gehauen noch gestochen, das ist doch sehr roh und niedrig gesprochen, unter der Gürtellinie tun sich diese Gedanken bewegen, ich hoffe, sie werden doch kein Ärgernis erregen, mensch soll sich doch mit hohen Dingen befassen, das Bumsen soll mensch den Tieren überlassen?!

Menscher: Hoho, wir beide müssen auch für Menschland ficken, ich werde dich noch an diesem Abend nach Orgasmien schicken, aber ich bin es auch leid, darüber nur zu klönen, da höre ich dich doch lieber in der Wirklichkeit wimmern und stöhnen, aber hier und jetzt wollen wir es nicht treiben, wir werden anständig und sittlich einwandfrei bleiben, die Zuschauer sollen uns ja nicht bebuhen, wir wollen als Mensche in unserem Gott JEUNEX ruhen!

Mensche: Dieses Buch hat doch gar keinen Sinn, das Menschtum bringt doch gar keinen Gewinn, sicherlich soll mensch den Geist von Auschwitz überwinden, aber wird sich jemals ein zweiter Menscher finden, der erste Mensche menscht schon seit über zwanzigsieben Jahren, und es tun sich noch immer keine anderen Menschen um ihn scharen, wie soll Menschland da erstehen, wie soll Unmenschland da vergehen?!

Menscher: Unser Ertüftler ist eine Niete, nicht auf jedem, aber auf diesem Gebiete, er kann nicht organisieren, er will zwar nach Menschland marschieren, aber er bekommt diesen Kuchen nicht gebacken, er kann dieses Ziel nicht in den Händen halten und packen, er ist eben ein Stubenhocker sondergleichen, er wird seine hehren Ideale niemals erreichen, damit müssen wir uns begnügen, in dieses traurige Schicksal müssen wir uns fügen!

Mensche: Das ist schlimm und arg, unser Dichter lebt noch immer karg, die mensche Sprache hat er erfunden, aber er darf sie nicht in der Öffentlichkeit bekunden, er lebt in einer Demokratie, aber die Leute betragen sich wie das Vieh, ehrliche Mitbürger sind selten, nur die Münzen und Scheine etwas gelten, so muß das Schenie in die Röhre starren, so muß unser Denker vertoren, verjecken und vernarren, das ist sein Los auf Erden: er darf nicht glücklich werden!

Menscher: "Es ist immer dasselbe: durch Hamburg fließt die Elbe, durch Köln strömt der Rein, was soll daran besonderes sein?" Abwechslungsreich tut unser Ersinner nicht schreiben, er tut es immer auf die nämliche Weise treiben, das ödet ihn selbst nunmehr an, das zieht ihn selbst nicht mehr in den Bann, er würde seine eigenen Werke nicht lesen, denn allzu eintönig gestaltet sich darin das menschliche Wesen!

Mensche: Wenn Menschland in Langeweile erstickt, dann wird zum Menschtum nicht genickt, das kann mensch jetzt schon sagen, viele Bürger tun nach Menschland fragen, das mensche Walten würde ihnen behagen, doch die mangelnde Kurzweil muß mensch beklagen, das kann mensch doch nicht ertragen, mensch muß etwas Abenteuerliches zu erzählen wagen, doch unser Ertüftler wird allmählich alt, sein Herz wird leider nach und nach kalt!

Menscher: An jedem Tag will er nun unserer gedenken, er will uns gleichsam das Dasein schenken, doch nur auf dem Papier dürfen wir leben, in der Wirklichkeit kann es uns nicht geben, die hohen Ideale müssen auf diese Weise scheitern, unser Dichter tut manchmal seine Gefährten erheitern, doch er muß auch gar grausam leiden, die hübschen Maiden tun ihn meiden, er darf keine Eveline küssen, er wird bis zu seinem Tode darauf verzichten müssen!

Mensche: Damit wären wir wieder beim Tema, alles läuft ab nach dem nämlichen Schema, das Menschdorfertum ist schuld, es gibt für die Menschdorferinnen keine Huld, sie müssen als alberne Tanzmariechen gelten, sie wesen in der beschränktesten aller Welten, und so weiter und so fort, es wiederholt sich jedes Wort, die Zuschauer schlafen bald ein, und das soll der größte Schriftsteller aller Zeiten sein?!

Menscher: In Menschdorf wird alles verdorben, hier wird sich kein Heil erworben, die Menschdorfer unterdrücken jede Kultur, hier ist mensch der hohen Sitte nicht auf der Spur, hier will mensch nur ficken und trinken, hier will mensch nur sternhagelvoll in das Ehebett sinken, mehr hegen die Menschdorfer nicht im Sinn, etwas anderes bringt diesen Barbaren keinen Gewinn, Bücher kaufen sie kaum, es wirkt wie ein schlimmer Traum!

Mensche: Die Kleidung der Menschdorferinnen ist edel, doch es passiert nicht viel in einem weiblichen Schädel, jedenfalls kann mensch in Menschdorf keine geistreichen Amazonen gewahren, deshalb will sich unser Ergrübler auch mit keiner Menschdorferin paaren, am Blausteinsee tat er noch keine kluge Gesprächsteilhaberin finden, deshalb soll sich auch keine Menschdorferin jemals unter seinen Hieben winden!

Menscher: Unser Verfasser langweilt sich in Menschdorf zu Tode, das Menschtum gelangt und gelangt nicht in Mode, er kann unternehmen, was ihm behagt, es bleibt ihm, erfolgreich zu streben, versagt, er darf gar nicht daran denken, niemensch will ihm Beachtung schenken, niemensch will seine Bücher erwerben, die Menschdorfer müssen alles verderben, diese dumpfen und stumpfen Leute sind eine häßliche und gräßliche Meute!

Mensche: In der Halle hat der erste Mensche heute auf mensche Weise gewerkt, diese Ausarbeitung hat sein Handeln gekräftigt und gestärkt, erst als Menscher in Menschland fühlt er sich wohl in seiner Haut, so einen Menschen wie ihn hat mensch in Menschdorf noch nicht erschaut, es hat keinen Zweck, in Menschdorf zu wohnen, weil die Menschdorfer unseren Dichter niemals mit ihrem Menschdorfertum verschonen!

Menscher: Sein Abwechslungsreichtum ging flöten, er tat früher schillern und göten, jetzt aber muß er immer das nämliche schreiben, er tut es ja auch tagtäglich auf die nämliche Weise treiben, es tut nichts Neues jemals geschehen, mensch kann bei ihm immer nur die gleichen Vollzüge sehen, so etwas wie Spannung ist nicht vorhanden, auf diese Art geht ein ganzes Dasein zuschanden, unser Ersinner kann nur noch gähnen, niemals kann er neue und verblüffende Sachverhalte erwähnen!

Mensche: Seine drei Mitbewohner sind aber auch dumm, das nimmt er ihnen allmählich krumm, mit ihnen kann mensch sich nicht unterhalten, mit ihnen kann mensch die Stunden nicht angenehm gestalten, sie können menschen nicht verschlauen, mensch kann mit ihnen Menschland nicht erbauen, aber das weiß mensch ja nun seit vielen Jahren, damit tut mensch gar nichts Neues erfahren, es ist alles so wie immer, es wird nur immer schlimmer!

Menscher: Ich fürchte, Menschland wird niemals erstehen, es wird sich niemals alles um unseren Ertüftler drehen, er kämpft gegen Windmühlen wie Don Kischott, was nützt ihm denn JEUNEX, der allmächtige Gott, JEUNEX kann ihn nicht unterstützen, JEUNEX kann ihn nicht beschützen, und die mensche Sprache hilft ihm auch nicht weiter, in der Werkhalle plappert er zwar heiter, aber sonst schleppt er sich traurig durch die Straßen, er bedauert seine Ehelosigkeit über die Maßen?!

Mensche: Als menscher Schriftsteller hat er schlechte Karten, die Bürger tun auf seine Erscheinungen nicht warten, seine Werke werden kaum einmal gekauft, es werden sich von ihm deshalb die Haare gerauft, doch er kann es nicht wandeln, die Menschdorfer tun ihm das Bewußtsein verschandeln, er pendelt zwischen Schenie und Wahnsinn hin und her, das bloße Überleben fällt ihm schwer, sein alter Körper läßt ihn bald im Stich, der Beruf eines Welterlösers wäre nichts für mich!

Menscher: An diesem Nachmittag hätte unser Ersinner beinahe einen Nervenzusammenbruch erlitten, er hat in der Werkhalle wacker für die Ziele des Betriebes gestritten, er hat Kinderbücher sortiert mit Eifer und Fleiß, er ist ja tüchtig, wie der Leser es weiß, und plötzlich ist ihm alles zu viel geworden, es umdrängten ihn die plappernden Horden, sie sind zwar Freunde und Bekannte, aber sie sind ja doch nicht Verwandte!

Mensche: Und das Menschtum tun sie nicht kennen, sie können nicht für die mensche Sprache entbrennen, im Rundfunk wurden englische Lieder gesendet, das hat die Not auch nicht gewendet, und die Kinderbücher waren in französischer Ausdrucksweise geschrieben, so ist denn das Menschtum auf der Strecke geblieben, heute ist Freitag, da geht die Arbeitswoche zuende, und nun bestarrt unser Ertüftler eine Woche lang die Wände!

Menscher: Neun freie Tage darf er genießen, hoffentlich kann er sich dann entdrießen, hoffentlich kann er sich dann entletzen, hoffentlich muß er sich nicht über die Menschdorfer entsetzen, der Jeschua und der Rex Text lassen ihn nicht gesunden, das Essen tut ihm zwar meistens munden, aber seine Seele wird oftmals geschunden, er fühlt sich den Menschdorfern überhaupt nicht verbunden, sie sind so dumpf, sie sind so stumpf, mensch kann sie nicht als seinesgleichen betrachten, mensch kann sie nicht als vollwertige Menschen erachten!

Mensche: So hat sich unser Verfasser sein Leben als Schriftsteller in seiner Jugend nicht gemalt, er hat damals mit seinem riesigen Kraftüberschuß geprahlt, aber diese Angeberei ist ihm gänzlich vergangen, er hat in Menschdorf inzwischen genug Dämpfer empfangen, mensch hat ihm den Geist der Unbeschwertheit entrissen, seine Nerven sind verbraucht, zerfetzt und zerschlissen, er hat seine frühere Unbekümmertheit verloren, gottseidank wurde er nicht in diesem verfluchten Menschdorf geboren!

Menscher: Wie soll Menschland unter diesen trostlosen Umständen errichtet werden, wie soll Unmenschland in dieser spießbürgerlichen Gemeinde vernichtet werden, das kann mensch gar nicht schaffen, da helfen nichts die ausgefeiltesten geistigen Waffen, das grausame Menschdorfertum muß jegliche Kultur zerstören, weil die Menschdorfer nun einmal auf ihren albernen Karneval schwören, Bildung liegt ihnen fern, sie hätten sie nicht gern?!

Mensche: So etwas Schäbiges wie das Menschdorfertum dürfte es eigentlich gar nicht geben, die Menschdorfer haben gar kein Recht, auf so eine Weise zu leben, die Gemeinheit triumfiert in ihren Schädeln, es wird Zeit, diese sittenlosen Barbaren zu veredeln, es wird Zeit, ihnen den Geist der Menschlichkeit zu bringen, die Menschlichkeit wird den Menschdorfern von selbst niemals gelingen, dazu sind sie zu dumm, sie machen über das Menschtum nur hum!

Menscher: Unser Ersinner hat an diesem Abend seine Buttermilch geholt, vor dem Supermarkt hat eine Menschdorferin ihn mit Wörtern versohlt, es ist immer das gleiche: er fühlt sich wie eine lebende Leiche, die Menschdorfer bringen ihn auf den Hund, sie erachten ihn als nicht gesund, aber er hat doch sehr viel zu zeigen, doch die Menschdorfer tun ihn immer wieder unfreundlich begeigen, das sind keine Menschen, wie Gott sie will, denn wenn sie den ersten Menschen sehen, bleiben sie nicht still!

Mensche: Die Menschdorfer kennen JEUNEX nicht, in ihren Schädeln brennt kaum Licht, sie müssen ihren albernen Karneval pflegen, sie müssen sich auf der Bühne regen und bewegen, die Tanzmariechen müssen in die Höhe springen, die Köhre müssen nivohlose Lieder singen, die Büttenredner lassen an den Staatsleuten kein gutes Haar, doch sie ändern leider nichts, das ist wirklich wahr, unser Ertüftler jedoch wandelt die Welt, er ist ein tatkräftiger und geistvoller Held!

Menscher: Die Menschdorfer sehen nur auf den äußeren Schein, das Innere muß ihnen stets verborgen sein, sie sind so dumm wie das Stroh der Bohnen, der Umgang mit diesen Hintertupfingern tut sich wirklich nicht lohnen, diese verbrecherischen Auschwitzianer können sich nicht friedlich betragen, diese beschränkten Spießbürger müssen menschen immer wieder mit ihrer Engstirnigkeit plagen, und die Menschdorfer wollen nicht aus Menschdorf verschwinden, mensch wird in Menschdorf stets und ständig Menschdorfer finden!

Mensche: Die Menschdorfer weigern sich, Menschdorf zu verlassen, dabei tut das Menschdorfertum in die heutige Zeit nicht mehr passen, die Menschdorfer leben hinter dem Mond, sie sind das Menschtum in JEUNEX nicht gewohnt, sie denken noch in veralteten Bezügen, sie müssen noch lügen und betrügen, sie können die Wahrheit nicht sprechen, sie können menschen nur bepechen, sie können menschen nicht beglücken, darum wendet unser Erdichter ihnen oftmals den Rücken!

Menscher: Es ist nicht leicht, Menschland zu erbauen, es ist nicht einfach, die schlichten Gemüter zu verschlauen, aber in Menschdorf ist es besonders schwer, Jeschua Rex Text ist an der Inde nicht wer, die Menschdorfer können ihn nicht begreifen, diese Krähwinkler müssen ihn immerzu bekeifen, er will von diesen Trotteln nichts mehr wissen, sie haben seine Nerven genugsam zerschlissen, aber er muß sie tagtäglich gewahren, er muß immer wieder ihre schäbigen Bemerkungen erfahren!

Mensche: Wer nicht in Menschdorf siedelt, dem wird die Meinung nicht so harsch gefiedelt, am Blausteinsee tut ein rauher Umgangston walten, so etwas wie Schönheit und Anmut tun sich hier nicht entfalten, Häßlichkeit und Gemeinheit trifft mensch an, doch sie ziehen menschen nicht in den Bann, da ist es doch besser, Menschdorf zu meiden, dann braucht mensch nicht unter dem Menschdorfertum zu leiden, den Friedensnobelpreis werden die Menschdorfer niemals gewinnen, es ist wirklich besser, diesem wüsten Pöbel zu entrinnen!

Menscher: Unser Dichter schläft gleich ein, aufregend kann sein Leben ja nicht sein, andauernd muß er in seiner Stube sitzen, stets und ständig muß er über seinen Besinnungen schwitzen, sein Glied darf in keiner warmen Scheide flitzen, er darf sich nicht einmal an Hurenfilmen erhitzen, in Menschdorf gelangt er nicht weiter, die Spießbürger stimmen ihn nicht heiter, die Krähwinkler stimmen ihn nicht froh, bei den verbrecherischen Auschwitzianern ist das eben so!

Mensche: In Menschdorf kann mensch keine Menschlichkeit gewahren, in Menschdorf kann mensch nur eine wüste Barbarei erfahren, wie oft will unser Ergrübler diese Botschaft noch verkünden, in Menschdorf müssen alle Straßen in schwarze Verwesung münden, niemals kommt hier etwas Gescheites heraus, niemals gibt es für das Menschdorfertum Applaus, doch die Menschdorfer tun ihr Menschdorfertum auch weiterhin hegen und pflegen, sie können sich nur in diesem schäbigen und grausamen Rahmen bewegen?!

Menscher: Auf Sankt Pauli ist sehr viel los, im Mittelpunkt steht dort der weibliche Schoß und auch der wogende Busen, mensch möchte dort oftmals schmusen, aber nur gegen Geld, das ist eine schnöde Welt, Hamburg ist eine schöne Stadt, weil sie hübsche Mädchen hat, unser Ertüftler hat gern an der Elbe geweilt, dort wurde er zwar nicht von seinen Gebrechen geheilt, aber er hat dort viele angenehme Dinge erlebt, freilich hat er dort niemals im siebenten Himmel geschwebt!

Mensche: Hans Albers ist diesem Mann aus dem niederen Sachsen im Laufe seiner Jahre an das Herz gewachsen, und Hamburg verdient es, daß mensch es ehrt, denn mensch wird an der Alster auf erfreuliche Weise entschwert, denn mensch wird an der Alster auf erquickende Art entlastet, niemensch verlangt dort von jemenschem, daß er hungert und fastet, es gibt reichlich zu essen, mensch kann dort seine Sorgen vergessen!

Menscher: Am Jungfernstieg kann mensch die Segelschiffe sehen, die auf der Binnenalster ihre Runden drehen, das ist ein anmutiges Bild, es stimmt die Seele gar mild, nun ja, wir wollen Hamburg nicht verklären, auch dort müssen die Eltern ihre Kinder ernähren, auch dort muß mensch werken, auch dort tut mensch die Härte des Daseins merken, aber es war doch eine berauschende Zeit in seiner Jugend, und er war damals alles andere als ein Ausbund von Tugend!

Mensche: Den Blausteinsee und die Binnenalster kann mensch gar nicht vergleichen, niemals wird der Blausteinsee die Idüllik der Binnenalster erreichen, das Weltmännische ist in Menschdorf nicht vorhanden, und wenn jemensch an der Inde große Pläne ersinnt, dann werden sie bald zuschanden, in Menschdorf hat ein Riese nichts verloren, an der Inde werden nur geistige Zwerge geboren, es hat keinen Zweck, in Menschdorf zu hausen, denn es muß menschem vor den Menschdorfern immer wieder grausen!

Menscher: Unser Ersinner ist traurig, das Menschtum bedünkt ihn schaurig, denn obwohl er die mensche Rede pflegt und obwohl sich sein Überlegen in menschen Bahnen bewegt, kann er seine Absichten nicht vollbringen, ihm tut gegenwärtig nichts gelingen, das hat er anders erwartet, er hat dieses Buch gestartet, um kraftvoll und planmäßig zu werken, doch wir beide können unseren Verfasser nicht stärken, er bricht bald zusammen, er kann sich für nichts mehr entflammen, er kann sich für nichts mehr begeistern, er kann seinen Alltag nicht mehr meistern!

Mensche: Im späten Herbst wird mensch schon einmal schlapp, doch seine Zeit ist ja keineswegs knapp, er sollte nicht verzagen, er tut die anderen Dichter überragen, jetzt und hier freilich tut er stets die nämlichen Sprüche leiern, bald wird mensch das gottverdammte Weihnachten feiern, das muß ihn verdrießen, weil die frommen Gemüter aufeinander schießen, der Frieden auf Erden will nicht kommen, diese Hoffnung wurde den Gläubigen genommen!

Menscher: Jeschua Rex Text muß die Eintracht stiften, der erste Mensche muß das allgemeine Klima entgiften, aber er kennt leider nicht das Wie, er ist zwar ein einzigartiges Schenie, doch die Pressearbeit ist ihm fremd, in dieser Hinsicht ist er gehemmt, so wird er niemals auf einen grünen Zweig gelangen, so muß es der Menschheit auch weiterhin um ihr Überleben bangen, und die Tiere und Pflanzen müssen sterben, niemensch will für seine wichtigen Bücher werben!

Mensche: Der mensche Einfall kann ihn auch nicht kräftigen, er tut sich zwar mit der menschen Denkweise beschäftigen, aber sie reißt ihn nicht empor zu kühnen Taten, er muß auch weiterhin in seiner selbstgeschaffenen Hölle braten, er muß auch weiterhin wie ein Stück Vieh gar erbärmlich siechen, er muß auch weiterhin wie ein geschundenes Opfer auf dem Zahnfleisch kriechen, der Lohn ist ein Hohn, er wird nicht entrichtet, es wird darauf verzichtet!

Menscher: Menschland wird wohl niemals erstehen, Unmenschland wird wohl niemals vergehen, das ist leider wahr, das ist leider klar, denn die Gebrechen des Alters tun unseren Schöpfer lähmen, die Menschdorfer taten den Außenseiter schon lange zähmen, er kann nicht mehr pauern, er tut an der Inde versauern, er tut sein Dasein am Blausteinsee vertrauern, es muß ihm vor den beschränkten Spießbürgern schauern!

Mensche: Ich würde gern einen Bericht über Menschland im Fernsehen gucken, aber unser Ertüftler kann ja nur murren und mucken, er mußt zwar so manche Kröte schlucken, aber er sollte doch endlich einmal große Töne spucken, seine Zurückhaltung in allen Ehren, aber so kann er seinen Reichtum nicht mehren, seine Bescheidenheit ist ja durchaus zu loben, aber er sollte doch einmal öffentlich über die Mißstände toben, doch er zieht sich zurück in seine stille Kammer, und da ergeht er sich in seinem privaten Jammer, die Allgemeinheit aber kann sehen, wo sie bleibt und wie sie es ohne das Menschtum in JEUNEX treibt!

Menscher: Dieses Buch hat gerade erst begonnen, doch sein Verfasser hat sich das Menschtum bereits gewonnen, das mensche Gefühl tut er in seinem Fleische merken, das Menschtum tut ihn kräftigen und stärken, er ist ein ganz anderer Bursche geworden, er will sich auch nicht mehr selbst ermorden, so schaffen wir das Gute durch unser Sein, wir laden alle Menschen dazu ein, sich mit uns zu verbünden und wie wir das Menschtum zu verkünden!

Mensche: Ich finde, wir sollten auch einmal kleine Brötchen backen, unserem Urheber sitzt stets die Angst im Nacken, er könne es bis zu seinem Tode nicht mehr vollbringen, alle Erdenbürger umfassend zu beschwingen, es muß dermaleinst Milliarden mensche Jeschua Rex Texte in JEUNEX geben, dann wird mensch nicht erfolglos nach dem ewigen Weltfrieden streben, aber wir müssen doch auch einmal Fernsehen gucken, wir müssen doch einmal über die steigenden Preise murren und mucken!

Menscher: Das Alltägliche sparen wir aus, das ist ein unleidlicher Graus, das Essen und das Trinken werden vergessen, unser Dichter ist auch nicht auf Tolettenpapier versessen, es erscheint ihm unromantisch, so etwas zu erwähnen, und auch über eine Kaffeemaschine müßten die Leser gähnen, aber langweilig bleibt es auf jeden Fall, unser Ergrübler hat ja einen Knall, er ist nicht gesund, bei ihm geht es nicht rund, seine Welt gestaltet sich nicht bunt, er gelangt allmählich auf den Hund!

Mensche: Dieses Gejammer wird alle möglichen Anhänger vertreiben, kann unser Ertüftler nicht einmal etwas Spannendes schreiben, dieses Gezeter ist ja nicht zu ertragen, muß er uns immer mit seinem Selbstmitleid plagen, irgendetwas ist doch auch in Menschdorf los, zugegeben, diese Stadt ist nicht groß, aber die Sonne wird doch auch über der Inde scheinen, was gibt es denn da immer nur zu seufzen und zu greinen?!

Menscher: Das kann ich dir auch nicht verraten, unser geistiger Vater sehnt sich nach großen Taten, er würde sie gern verrichten, doch er muß leider darauf verzichten, morgen wird er in einem Supermarkt Gläser und Tassen kaufen, dann wird er zum Hähnchenstand laufen, dann wird er das gebratene Geflügel verzehren, aber das Menschtum in JEUNEX wird er nirgendwo lehren, es ist zum Wimmern und zum Schreien, diese Untätigkeit ist nicht zu verzeihen!

Mensche: Das ist nicht zu begreifen, seine Fantasie tut in die Ferne schweifen, aber er selbst will Menschdorf nicht verlassen, da tut er doch sehr viele Abenteuer verpassen, und die Menschdorfer muß er bescheiten, sie leben in der beschränktesten aller Welten, und er selbst hockt in seiner Stube, er ist ein guter und braver Bube, aber das ist nicht wahr, er ist ein großer Star, er muß es aber auch zeigen, er muß sein Bekenntnis der Menge geigen, diese Zurückgezogenheit wird ihn noch einmal erledigen, er muß das Menschtum in JEUNEX endlich einmal predigen!

Menscher: Unser Ersinner sitzt in seiner Stube, er drückt nur wenig auf die Tube, seine drei trägen Mitbewohner lassen auch ihn auf der Bärenhaut liegen, er wird in dieser trostlosen Umgebung niemals triumfieren und siegen, er weiß nicht, wie JEUNEX ihm das antun kann, in diesem Haus ist und bleibt er ein aufgeworfener Mann, das hat Menschdorf ihm gebracht, in seinem Bewußtsein wird es allmählich Nacht!

Mensche: Wir könnten ja auch eine Beziehung miteinander entwickeln, unser Dichter tut aber mehr an einem Tagebuch frickeln, er erzählt in diesem Zusammenhang, was er treibt und warum er gegenwärtig so wenig schreibt, er kann sein Pensum schon lange nicht mehr erfüllen, sein Glied tut zu ungebärdig nach einer Scheide brüllen, sein Gehirn kann den Ansturm des Schwengels nicht ertragen, deshalb kann er in diesem Rahmen keine weisen Worte mehr sagen!

Menscher: Wie der Sexer und die Sexerin könnten wir uns benehmen, aber wir sollen uns hier und jetzt nicht zu einem Beischlaf bequemen, dieses Tema hat unser Ergrübler bereits ausführlich behandelt, er hat sich nun zu einem anständigen Berichterstatter gewandelt, er gibt Auskunft über sein wertes Befinden, die Menschdorfer müssen ihn nach wie vor schinden, doch er hat ja Urlaub, der musterhafte Knabe, er gewahrt nun keinerlei Rübchengeschabe!

Mensche: Er wird sich bald ein gebratenes Hähnchen kaufen, zu diesem Zweck wird er in die Innenstadt laufen, hoffentlich wird er den Stand nicht zu spät erreichen, denn dann würde der Mut aus seinem Gesichte weichen, er freut sich auf das Fleisch sehr, mehr will er davon haben, immer mehr, das Essen muß ihm die Sinnlichkeit ersetzen, denn eine Menschdorferin kann ihn nicht entletzen, denn eine Menschdorferin kann ihn nicht entwunden, denn eine Menschdorferin ließe ihn nicht gesunden!

Menscher: Diese ganze Geschichte mit Menschland wird im Sande verrinnen, unser geistiger Vater kann den Kampf gegen die Mächtigen nicht gewinnen, die Reichen werden ihn unterdrücken, ihm wird es niemals, die Menschheit einzumenschen, glücken, sich selbst kann er zwar zu einem Menschen formen, aber er kann die Erdenbürger nicht auf das Menschtum hin normen, dazu ist er zu schwach, alles ging hinunter den Bach, unser Ergrübler hat seine jugendliche Unbekümmertheit verloren, erfolglos hat er seinen hohen Idealen die Treue geschworen!

Mensche: Menschland ist nicht erstanden, Unmenschland ging nicht zuschanden, das ist leider so, es stimmt uns nicht froh, wir würden gern in Menschland hausen, denn vor den Unmenschen muß es uns grausen, aber der erste Mensche hat nicht die Kraft, Menschland zu erschaffen, scharf geschliffen sind zwar seine geistigen Waffen, aber er kann in der Öffentlichkeit keinen Ruhm erlangen, er hat noch niemals eine Ehrung und eine Auszeichnung empfangen, er spielt keine Rolle in den Zeitungen und im Fernsehen, wir beide allerdings würden ihn in den Nachrichten gern sehen!

Menscher: Unser Ersinner kann sich nicht freuen, das Glück tut ihn nach wie vor scheuen, er muß bis Mittag im Bette liegen, auf diese Weise kann er nicht siegen, auf diese Art kann er nicht triumfieren, auf diese Manier kann er nicht nach Menschland marschieren, und plötzlich muß alles ganz schnell dann gehen, das soll jemensch unter diesen Umständen verstehen, er muß zum Sport, er muß sich beeilen, er darf nicht länger in seiner stillen Klause weilen!

Mensche: Er würde gern noch eine Mahlzeit zu sich nehmen, doch dazu darf er sich aus Zeitmangel nicht bequemen, so hastet er von hinnen, er kann sich nicht besinnen, er kann nicht richtig überlegen, das Schicksal hat etwas dagegen, als Jeschua und als Rex Text kann er nicht vernünftig denken, da tat er sich ja mit einem großartigen Namen beschenken, er ist noch wirrer als vor einigen Jahren, wie will er denn da den JEUNEX erfahren?!

Menscher: Das Menschtum in JEUNEX erscheint ihm ein großer Quatsch, sein Gehirn gleicht einem ausgedehnten Matsch, die Menschdorfer haben recht, wenn sie ihn verhöhnen, er kann sich ja selbst nicht an diese Unordnung gewöhnen, seine Gedanken müssen sich überschlagen, das kann mensch nur sehr schwer ertragen, das muß ihn quälen und plagen, doch danach tut niemensch fragen, er kann die Wahrheit nicht sagen, er darf es, weise zu sein, nicht wagen!

Mensche: Er zieht keine Nixen an, er zerrt keine Zirzen in seinen Bann, auch als Jeschua und als Rex Text west er allein, es begleitet ihn nur der Sonne Schein, er darf sich nicht sinnlich vergnügen, er darf sein Glied in keine Scheide fügen, sein JEUNEX kann ihn nicht erquicken, er darf keine Rosamunde zum Höhepunkt schicken, er darf nicht orgeln und pimpern und bumsen, er muß seinen Schädel gegen die Wand ständig rumsen!

Menscher: Na, das halte ich für etwas übertrieben, er tut zwar keine Nummer schieben, aber seinen Kopf rammt er deswegen nicht an eine Mauer, er ist als die meisten Menschen schlauer, er hält sich zurück, er sucht nach dem Glück, er findet davon kein Stück weder hier noch in Osnabrück, das heißt, in Osnabrück ist er niemals gewesen, er tut nur in Menschdorf schreiben und lesen, sein Gesichtskreis ist klein, muß das denn wirklich so sein?!

Mensche: Die Menschdorfer wollen ihn nicht fördern, er könnte die Gesellschaft entdieben und entmördern, doch seine hohen Ideale sind nicht bekannt, mensch weiß auch nichts vom menschen Land, die mensche Sprache tut nicht erklingen, mensche Lieder tut niemensch singen, und so kann er weiter klagen und wimmern, sein arges Los muß sich immer mehr verschlimmern, denn JEUNEX tut ihm keine Lorbeeren gewähren, und keine Sofia will ihm jemals einen Sprößling gebären!

Menscher: Tut es denn gar nichts Neues geben, unser Verfasser will doch nach Abwechslung streben, doch das hat er bisher nicht geschafft, dazu gebricht es ihm an der erforderlichen Kraft, er kann die Leser nicht erheitern, er kann ihren Gesichtskreis nicht erweitern, seine Beweisführung bewegt sich stets im nämlichen Schema, er ändert so gut wie niemals sein Tema, er verkündet immer das gleiche, er redet wie eine lebende Leiche?!

Mensche: "Er ist ein Mensch, wenn auch ein Neger." - welch ein Satz, in Menschland ist diese Behauptung nicht am Platz, alle Menschen verfügen über die gleichen Rechte, sie sollen die gleichen Voraussetzungen haben im allgemeinen Gefechte, die Grundbedürfnisse soll mensch erfüllen, niemensch soll mehr vor Hunger brüllen, niemensch soll mehr vor Durst darniedersinken, jedmensch habe überreich zu essen und zu trinken!

Menscher: Das ist doch selbstverständlich, meine Gute, mir ist gar nicht wohl zumute, ich glaube, ich muß einmal spazieren gehen, draußen tun zwar rauhe Winde wehen, es tut leider auch ein bißchen regnen, aber den Wanderer tut Gott nun einmal segnen, so will ich das Haus verlassen, ich will mich mit den Menschdorfern befassen, ich will durch Menschdorf schreiten, ein heller Stern möge mich leiten, dann kehre ich auch heil wieder zurück, und in der Nacht bereiten wir uns ein wenig Glück!

Mensche: Ja, am Abend wollen wir einen Beischlaf betreiben, du sollst dich dann angelegentlich mit mir beweiben, aber warum willst du einsam an der Inde bummeln, laß uns doch gleich ein bißchen fummeln, Menschdorf kann deine Netzhaut doch nicht erfreuen, du solltest dieses schäbige Nest doch scheuen, lege dich zu mir auf das Lager, ich bin dicklich und nicht mager, und dann übernehmen wir die bekannten Rollen, als Sexer und als Sexerin wollen wir toben und tollen!

Menscher: Du wirst mich nicht am Ausgehen hindern, die vielen Schritte werden meine Beklemmungen lindern, es tut nicht gut, den ganzen Tag lang am Schreibtisch zu sitzen, mensch muß auch einmal durch die Gegend flitzen, ich werde freilich nicht durch die Fußgängerzone eilen, doch die frische Luft wird mich von meinen Gedankengängen heilen, sie sind manchmal zu schwierig und zu vertrackt, auf diese Weise werde ich entschlickt und entschlackt!

Mensche: Na gut, so wolle dich denn von mir trennen, du tust ja trotzdem für mich entbrennen, das glaube ich dir gern, Untreue liegt dir fern, an meinem Busen tust du gern schmusen, ich bin die geilste aller Susen, und ich könnte dein Ausbleiben nicht verknusen, so will ich mich denn gedulden, das tue ich dir schulden, doch wenn du zurückgekehrt bist, dann sollst du mich rammeln, dann wollen wir endlich sinnliche Erfahrungen miteinander sammeln!

Menscher: Es ist doch müßig, daß der erste Mensche uns beschreibt, denn da er eintönig lebt und abwechslungslos leibt, kann er den Lesern doch gar nichts verkünden, weshalb sollten sie sich dann mit ihm verbünden, nein, diese Kunst um der Kunst willen hat doch keinen Sinn, diese Pfuscherei führt doch zu keinem Gewinn, mensch sollte dieses Buch nicht drucken, denn seine Käufer würden sowieso nur murren und mucken!

Mensche: Ich finde auch, unser Verfasser sollte es lassen, mensch wird ihn nicht lieben, sondern hassen, das kann doch nicht in seiner Absicht liegen, dann wird sich auch niemals eine kesse Simone an seine Schulter schmiegen, seine Wut auf die Menschdorfer sollte allmählich verrauchen, er tat diese verbrecherischen Auschwitzianer genugsam zusammenstauchen, mensch weiß nun, daß sie beschränkte Spießbürger sind, aus dieser Richtung wehte oft genug der Wind!

Menscher: Mensch kann es auch mit dem Menschtum zu häufig treiben, unser Ergrübler sollte sich lieber beweiben, dann wäre er sinnvoll beschäftigt, dann würde sein Körper gekräftigt, aber nein, er muß seine Nase in die Romane und Novellen stecken, und wenn dann die Menschdorfer die Zähne ge-gen ihn blecken, dann muß er sich wieder über sie entrüsten und empören, also mich würden so ein paar kleinkarierte Krähwinkler nicht stören!

Mensche: Was sollte mensch denn gegen derlei geistige Hinterwäldler haben, sie können menschen zumindest mit modischer Kleidung erlauben, und was jemensch im Gehirn hat, sieht mensch ihm nicht an, in dieser Hinsicht ist unser Urheber kein vorurteilsfreier Mann, er tut fast keine Menschdorfer kennen, aber er muß die Menschdorfer einen wüsten Pöbel nennen, das muß ich ihm verargen, mit dem Negativen tut er nicht kargen?!

Menscher: Hat er schon einmal etwas Positives über einen Menschdorfer gesagt, er hat sich bisher nur über die Menschdorfer beklagt, am Blausteinsee herrschen offenbar rauhe Sitten, ein Schenie wird von den Narren nicht gelitten, ja, diese Leier haben wir schon oftmals vernommen, sie tut niemenschem, ich wiederhole: niemenschem frommen, der Jeschua und der Rex Text sollten über etwas anderes sprechen, sonst müßten die Zuschauer unter dieser Langeweile noch zusammenbrechen?!

Mensche: Immerhin werden in Menschland die Neger nicht deklassiert, wie das in Unmenschland noch manchmal passiert, ob schwarze oder weiße Haut, das spielt keine Rolle, deswegen bekommen sich die Menschen nicht in die Wolle, ein Menscher ist, wer die mensche Sprache spricht, eine andere Begriffsbestimmung gibt es nicht, und deshalb sollte es auf der Erde Milliarden Menschen geben, dann würde mensch in Frieden und Harmonie miteinander leben!

Menscher: Was sollen wir nun beginnen, wir wollen der Ödnis entrinnen, wir wollen der Trostlosigkeit entkommen, doch jegliche Hoffnung wurde uns genommen, Menschland wird nicht erbaut, die Erdenbürger werden nicht verschlaut, ihr Dasein wird nicht enttraut, vor der Zukunft es uns schaudert und graut, nein, das ist kein menschenwürdiges Leben, unser Verfasser tut gänzlich erfolglos streben, er hat keine Macht, von ihm wird nichts vollbracht?!

Mensche: Ich kann es gar nicht glauben, du tust mir jegliche Zuversicht rauben, das Menschtum in JEUNEX tut doch wesen, mensch kann doch darüber lesen, weshalb sollte es nicht siegen, wieso muß es denn unterliegen, du jagst mir einen Schrecken ein, es muß ungemütlich selbst unter vielen Decken sein, ich mag deinen Worten gar nicht mehr lauschen, ich kann mich an deiner negativen Botschaft gar nicht berauschen?!

Menscher: Es ist etwas faul auf dieser Welt, und unser Verfasser ist kein überragender Held, er kann zwar messerscharf denken, doch er kann die Menschheit nicht mit seinen Einsichten beschenken, er muß in seinem Versteck verkümmern, während die Barbaren die Erde zertrümmern, das ist leider so, es stimmt niemenschen froh, Jeschua Rex Text ist am Ende, niemals ereignet sich eine Wende, er muß darben und schmachten, die Menschdorfer müssen ihn verachten!

Mensche: Ich weigere mich, dies zu hören, du kannst meinen Mut nicht zerstören, du kannst meine Jugendlichkeit nicht vernichten, ich will kein Trümmerfeld und keine Schädelstätte sichten, ich will lieber blühende Paradiese erblicken, mensch soll die dumpfen Gemüter enttracken und enttricken, mensch soll die Sinne ermuntern und erheitern, mensch soll das allgemeine Bewußtsein erweitern, aber auf der Bärenhaut soll mensch nicht dösen, auf diese Weise kann mensch die Menschheit nicht erlösen!

Menscher: Was weiß ich, was kümmert es mich, Jeschua Rex Text wird alt, mensch vernimmt nichts von ihm so bald, er muß seine Gebrechen pflegen, er muß sich zu seinen Gunsten regen, die Allgemeinheit kann ihn nicht erreichen, ihre Sorgen können durch seinen Einfluß nicht weichen, er muß im Sumpf der Dumpfheit und Stumpfheit versinken, er muß im Meer der grenzenlosen Dummheit ertrinken, die Menschdorfer haben ihn auf dem Gewissen, seine Nerven sind zerrissen und zerschlissen?!

Mensche: Seine Miene wird immer bänger, aber bald werden die Tage ja wieder länger, dann wird der Winter seinen Anfang nehmen, dann wird mensch sich dazu, auf dem Schlitten zu gleiten, bequemen, irgendwann wird die Sonne wieder über Menschland scheinen, dann werden sich die Menschen begei-stert mit dem Menschtum vereinen, dann wird mensch einander friedlich behandeln, dann wird sich niemensch mehr in einen Amokläufer verwandeln!

Menscher: An diesem Nachmittag hat unser Ersinner im Garten gewerkt, das hat nicht gerade seinen Körper gestärkt, ein Vorarbeiter hat ihn durch die Gegend gefahren, da konnte er die Umgebung von Menschdorf gewahren, sie sind in Stolberg und Würselen gewesen, er tat einmal etwas anderes als lesen, ein Gefährte hat ihm von seinem verpfuschten Leben erzählt, freiwillig hat er sich diesen Gesellen nicht zum Gesprächsteilhaber gewählt!

Mensche: Vier Burschen haben Kies auf eine Fläche getragen, die schönen Maiden taten dazu nichts sagen, denn sie waren nicht anwesend bei diesem Tun und Machen, mensch hörte leider nicht ihr fröhliches Lachen, in seinem Beruf lernt unser Ertüftler niemals reizende Weiblichkeiten kennen, das muß er einen Mangel und einen Mißstand nennen, doch so gestaltet sich nun einmal sein Leben, dabei tat er oftmals nach der Gunst der Messalinas streben!

Menscher: Aber damals war er ja noch nicht verkehrsfähig, dieser Fant, das Was und das Wie waren ihm zwar bekannt, aber seine drei Namen haben seine Vollzüge nicht günstig geformt, dabei hat er begeistert gekellert, gemeiert und gestormt, aber die Bücher haben ihn nicht unterstützt, nur der Jeschua und der Rex Text haben ihm etwas genützt, nun tut er auch amtlich so heißen, jetzt kann er sich erfolgreicher Taten befleißen!

Mensche: Vielleicht wird Menschland ja doch erstehen, vielleicht wird Unmenschland ja doch vergehen, die Unmenschen fühlen sich sicher in ihrer Haut, sie haben den menschen Einfall noch niemals erschaut, doch Menschland wird seit über zwanzigsieben Jahren gedacht, und irgendwann wird Menschland auch einmal wirklich gemacht, dann werden die Unmenschen staunen, aber diese Barbaren werden dann nicht mehr in übler Absicht raunen!

Menscher: Es wird sie dann nicht mehr geben, sie werden nicht mehr nach ihrem täglichen Auschwitz streben, der mensche Mann und die mensche Frau werden Menschland genießen, der Mensche wird die Mensche nicht nur mit seinem Schwengel entdrießen, dann wird die Menschlichkeit unumschränkt wesen, dann werden viele Siechende für immer genesen, dann werden tausend Wunder wahr, dann wird das Dasein wunderbar!

Mensche: Deshalb muß dieses Buch geschrieben werden, es muß von uns auf die mensche Weise getrieben werden, wir sollen unseren Eifer für das Menschtum immer wieder entfalten, dann wird die Unmenschlichkeit für immer veralten, dann werden die Teufel und die Hexen schwinden, dann wird mensch nur noch einen Gott und Feen finden, JEUNEX wird die Harmonie der Welt steigern, und die Jugendlichen werden sich der Gesellschaft nicht mehr verweigern!

Menscher: Wie soll Menschland denn erstehen, auf welche Weise soll das denn gehen, ich kann es mir nicht malen, unser Verfasser tut mit seiner hohen Geistigkeit prahlen, aber er bekommt ja nicht einmal ein Teaterstück auf die Bühne, in denkerischer Hinsicht ist er vielleicht ein Hüne, aber er kann kaum organisieren, wie will er ja jemals nach Menschland marschieren, das möchte ich gern einmal erfahren, wird mensch Menschland denn niemals gewahren?!

Mensche: Ich fürchte, Menschland wird mensch niemals erblicken, auch JEUNEX kann uns den menschen Staat nicht schicken, niemensch hat dazu die Kraft, es wird von niemenschem geschafft, es wird von niemenschem vollbracht, unser Urheber bald zusammenkracht, dann wird er nicht mehr schreiben, dann wird er es nicht mehr auf dem Papier heldenhaft treiben, sondern dann wird er nur noch im Bette liegen, und nur in seinen Träumen wird er die Unmenschen besiegen!

Menscher: Es geht unserem Ersinner gut, er weilt in des JEUNEX Hut, der Allmächtige tut ihm gar vielfältig nützen, der Sternentronende tut ihn vor vielem Kummer beschützen, aber vor aller Not kann er ihn nicht bewahren, es gibt im Leben zu viele Gefahren, da muß auch Jeschua Rex Text ein wenig leiden, das läßt sich in keinem Dasein gänzlich vermeiden, aber er sollte stillhalten und an JEUNEX glauben, dann wird ihm nichts und niemensch jemals die Zuversicht rauben!

Mensche: Sein Mitbewohner süßlicht ihn ein, er denkt nicht fein, sondern gemein, dieser üble Bursche muß aus dem Haus verschwinden, aber es ließ sich noch kein Weg dazu finden, freiwillig räumt er nicht das Feld, er ist wahrhaftig kein Mann von Welt, er ist ein schlimmer Herumtreiber und Streuner, und er ist so ehrlich wie ein stehlender Zigeuner, er kann nur an den Nerven des ersten Menschen zerren, mensch sollte diesen Schurken bis zu seinem Tod in eine Irrenanstalt sperren!

Menscher: Laß uns lieber von frohen Sachen klönen, ein anständiger Mensch kann diese Null nur verhöhnen, es ist besser, von bezaubernden Angelikas zu sprechen, denn sie können einen harten Kerl be-glücken und entpechen, leider lassen sich die sanften Liesen bei Jeschua nicht blicken, deshalb kann er auch keine reizvolle Annegret in die Scheide ficken, er muß als Junggeselle verharren, die kessen Simonen fressen an ihm keinen Narren!

Mensche: Wir drehen uns auf die immer gleiche Weise ohne Rat und Hilfe stets und ständig im Kreise, das darf nicht sein, mensch sage dazu nein, so etwas wie Wirksamkeit soll endlich kommen, dann wird die Last von den Menschen genommen, das Menschtum in JEUNEX soll sie befreien, sie sollen sich dem Hohen und Erhabenen weihen, das Rohe und Niedrige soll von ihnen weichen, sie sollen Menschen nicht nur ähneln, sondern auch gleichen!

Menscher: Die Menschlichkeit ist in den Hintergrund getreten, jedenfalls bei unserem Ersinner und Profeten, er denkt nicht mehr an seine Ideale mit Behagen, er muß den hehren Einfällen seine Zu-wendung versagen, der Alltag frißt ihn auf mit Macht, da schwindet seine geistige Pracht, er muß zur Werkhalle gehen, er muß dort nach den Kontehnern sehen, er muß die Bücher stapeln auf Paletten, keine aufgedonnerte Eva tut sich jemals neben ihn betten!

Mensche: In der Werkhalle auf keinen Fall, aber unser Ergrübler bleibt doch am Ball, er kann nicht von morgens bis abends über Menschland grübeln, das würde mensch ihm denn doch verübeln, aber er setzt seine Arbeit an diesen Aufzeichnungen fort, mensch versteht auf diesen Seiten doch ein jegliches Wort, die mensche Sprache tut er verwenden, mensche Botschaften tut er versenden, das ist doch auch eine Leistung, und das trotz der Menschdorfer Erdreistung!

Menscher: Die Menschdorfer sind der letzte Mist, ich sage es so, weil es so ist, ja, wie kann mensch bloß ein Menschdorfer sein, Menschdorf lädt wahrlich nicht zum Verweilen ein, mensch möchte diesem öden Nest entkommen, diese Beschränktheit kann menschem nicht frommen, diese Engstirnigkeit kann menschem nichts nützen, aber niemensch tut die Menschdorfer jemals vor ihrer Kleinkariertheit beschützen?!

Mensche: Ich bin eine mensche Frau, ich biete eine beseligende Schau, doch ich darf nicht in Wahrheit leben, denn mich tut es in Wirklichkeit nicht geben, du bist ein menscher Mann, du ziehst viele Lilofees in deinen Bann, doch du mußt auf dein Dasein verzichten, mensch tut dich immer nur bedichten, das Reich des Jeschua Rex Textes tut niemensch errichten, und niemensch tut jemals die Heuchelpfaffen vernichten!

Menscher: Das erste Jahr vor Jeschua Rex Text neigt sich seinem Ende entgegen, bald wird mensch sich im ersten Jahr in Jeschua Rex Text bewegen, und dann wird alles gut in des JEUNEX bergender Hut, die Menschen werden sich entspannen, die Zirzen werden sich bemannen, die Adonisse werden sich beweiben, mensch wird sinnlich miteinander leben und leiben, mensch wird in Frieden wesen, mensch wird von seinen Wunden genesen!

Mensche: Ich würde gern eine Nummer mit dir schieben, denn ich tue dich von ganzem Herzen lieben, aber ich darf mich nicht als Sexerin mit dir als meinem Sexer betätigen, ich darf meine Weiblich-keit nicht durch deine Männlichkeit bestätigen, das ist bereits in einer anderen Schrift geschehen, das wird mensch in diesem Zusammenhang nicht sehen, das ist schade, denn ich bin eine geile Najade, ich bin sehr gierig, deshalb ist es für mich schwierig, mit dir nicht auf erregende Art zu ficken, doch sinnliche Vollzüge wird mensch in diesen Abschnitten nicht erblicken!

Menscher: Was soll aus Menschland werden, das frage ich dich mit ratlosen Gebärden, der mensche Einfall mag uns zwar behagen, aber die mensche Wirklichkeit tut sich uns leider versagen, es gibt keine menschen Zeitungen zu kaufen, es tun nirgendwo mensche Männer und Frauen durch die Gegend laufen, mensch kann kein einziges mensches Kind erblicken, und unser Ersinner kann keine mensche Sexbombe jemals ficken?!

Mensche: Zwischen den Deckeln dieses Buches müssen wir unser Dasein fristen, kann unser Ertüftler die Unmenschen denn gar nicht überlisten, das ist schlimm, das erregt meinen Grimm, was tut ihm seine Klugheit denn nützen, er soll die Menschen vor dem Unmenschtum beschützen, statt dessen sucht er lieber die verlorene Zeit, während die Menschheit gellend nach Erlösung schreit, ich kann unseren Urheber nicht verstehen, ich kann keinen Sinn in seinem Vorgehen sehen?!

Menscher: Wir wesen hier auf dem Papier, er beschwört uns in sein Revier, doch wir tun sein Zimmer nicht verlassen, auf diese Weise müssen wir unser Leben verpassen, das dürfen wir nicht dulden, er tut uns doch Achtung schulden, also soll er uns auch verkünden, damit sich Anhänger mit ihm verbünden, und dann kann mensch uns auch erschauen, und dann können wir den Bürgern den trostlosen Alltag entrauhen!

Mensche: Ich kann es nicht begreifen, ich muß es lauthals bekeifen, er siecht dahin ohne jedweden Gewinn, er läßt seine Werke nicht drucken, vor dieser Pflicht tut er sich von hinnen ducken, er tut nur murren und mucken, eine rassige Kleopatra soll seinen Samenstrom schlucken, diese Vorstellung tut er in seiner Einbildung nähren, niemals will ihm eine Sofia einen kleinen Jeschua gebären, so schaukelt alles wie eine Gummiente auf den Wellen, so tut er sich und die andern um die irdischen Genüsse prellen!

Menscher: Er weigert sich ja auch, einen Wagen zu steuern, er tut immer wieder seinen Hang beteuern, die Umwelt vor den Abgasen zu schützen, aber warum will er die Menschheit nicht unterstützen, aber warum will er Menschland nicht erbauen, aber warum will er die Trottel nicht verschlauen, so muß er selbst vernarren, verjecken und vertoren, er hat das Ringen um seine neuen Gefüge verloren, niemensch will etwas von ihm wissen, das Band zwischen ihm und den Mitmenschen ist schon lange zerrissen?!

Mensche: Hoffentlich wird er sich im ersten Jahr in Jeschua Rex Text grundlegend wandeln, im ersten Jahr in Jeschua Rex Text muß er doch kraftvoll handeln, er kann ja nicht immer weiter dösen, wie will er denn dann die Welt erlösen, im Schlaf kann er keine riesigen Taten vollbringen, das wird ihm in tausend Jahren nicht gelingen, doch so lange wird er nicht mehr gedeihen, er tut seine Aufmerksamkeit dem Guten und Schönen weihen, aber er soll sein Bekenntnis auch einmal lehren, denn er kann die Gemüter umfassend entwunden und entsehren?!

Menscher: Ich bin es leid, daß niemensch uns kennt und daß mensch Menschland nirgendwo nennt, wie lange soll das Menschtum noch verborgen sein, unser Verfasser mag ja voll Kummer und Sorgen sein, aber er sollte doch endlich einmal etwas unternehmen, er sollte sich doch endlich einmal zu großartigen Taten bequemen, doch er ist nicht in der Lage, etwas zu können, er tut den Menschen das Menschtum nicht gönnen?!

Mensche: Das glaube ich allmählich auch, er steht ziemlich auf dem Schlauch, er ist immer müde und matt, und daß die frohe Botschaft verkündet wird, findet nicht statt, das ist ein erheblicher Mangel, kein Fisch zappelt jemals an der Angel, was soll denn weiterhin geschehen, was soll mensch denn weiterhin sehen, das ist doch unsäglich, das ist doch unerträglich, ich kann keine passenden Worte dafür finden, das ist auch eine Art, seine Mitmenschen zu schinden?!

Menscher: Vor zwanzigundsieben Jahren wurde Menschland erfunden, doch niemals tat unser Ersinner den menschen Einfall bekunden, jedenfalls nicht in einem großen Rahmen, die vornehmen Herren und Damen tun vom Menschtum nichts wissen, unser Urheber ist eben nicht gerissen, er kann zwar die Bücher verständnisvoll lesen, aber er verfügt über ein ungeschicktes Wesen, er kann nicht sonderlich gut organisieren, deshalb wird er auch niemals nach Menschland marschieren!

Mensche: Schande, Schande, Schande, uns ketten feste Bande an das mensche Land, doch er hat keinen Verstand, er kann nur forschen, aber nicht lehren, er tut die Harmonie der Welt nicht mehren, das ist nicht zu ertragen, das muß menschen quälen und plagen, sind wir denn bloße Gespenster und Geister, ist er denn nur auf dem Papier unser Herr und Meister, das ist doch nicht zu fassen, so einen Tunichtgut muß mensch doch hassen?!

Menscher: Wir wollen über etwas anderen klönen, wir dürfen unseren Gebieter nicht verhöhnen, er soll uns ja Leben einhauchen, da dürfen wir ihn nicht zusammenstauchen, doch es ist schwer, unser Nichtsein außer acht zu lassen, mensch will sich ja immer nur mit sich selbst befassen, und ich bin ein menscher Mann, der sich selbst nicht erblicken kann, und du bist eine mensche Frau, es gibt dich nicht, das weiß ich genau!

Mensche: Auf diese Weise geht Menschland zugrunde, niemals schlägt uns die erlösende Stunde, niemals wird über uns gesprochen, es wird nur immer wieder der Stab über uns gebrochen, "Menschland, Menschland über alles" darf nicht erklingen, mensche Arien darf mensch nicht singen, das Unmenschtum feiert seine niederschmetternden Triumfe, niemals werden wir herausgezerrt aus diesem dumpfen und stumpfen Sumpfe!

Menscher: Ich kann es nicht begreifen, und ich muß es schrill bekeifen, daß wir nicht wirklich sind, uns kennt kein einziges Kind, und auch die Erwachsenen tun von uns nichts wissen, dabei kann mensch uns durchaus nicht missen, mensch würde sich über mensche Romane freuen, mensch würde mensche Schlager nicht scheuen, mensch würde menschen Reden begeistert lauschen, mensch würde das Unmenschtum gern mit dem Menschtum vertauschen!

Mensche: Du bist doch im Bilde über unseren Verfasser, er ist kein Täter, sondern ein Unterlasser, eine hartnäckige Lähmung verhindert seine Taten, er muß in seiner selbstgeschaffenen Hölle braten, er kann sich aus den Banden der Hemmung nicht befreien, er tut seiner Lehre die Stimme nicht leihen, er verkündet sein Bekenntnis nicht, er ist ein ganz schlichter Wicht, er setzt sich für Menschland nicht ein, und das soll der Erlöser der Menschheit sein?!

Menscher: Vornehm geht die Welt zugrunde, noch schlägt nicht die rettende Stunde, viele Tiere und Pflanzen sterben aus, das ist ein völlig unleidlicher Graus, das erste Jahr in Jeschua Rex Text wird bald beginnen, doch unser Urheber wird seiner Mutlosigkeit nicht entrinnen, er will nichts unternehmen, er will sich zu nichts bequemen, er siecht in seiner Wohnung, die Menschdorfer üben sich nicht in Schonung, sie müssen ihn zusammensprechen, er soll so schnell wie möglich zusammenbrechen!

Mensche: Diese Auschwitzianer geben keine Ruhe, sie ergehen sich in Gebuhe, das ist nun einmal ihre Art, sie sind nicht zart, sondern hart, dieser wüste Pöbel muß sich gegen jegliche kulturellen Bestrebungen wehren, es lohnt sich nicht, mit diesem üblen Abschaum zu verkehren, dieses grobe Pack kann menschen nur versehren, es kann weder den inneren noch den äußeren Reichtum jemals mehren, die Menschdorfer sind wie die Pest, Menschdorf ist und bleibt ein schäbiges Nest!

Menscher: Menschland hast du in der Gemeinde Jeschua Rex Text erfunden, du tust die mensche Gesinnung zwar in Menschdorf bekunden, aber die mensche Haltung ist nicht in Menschdorf entstanden, sie geht dafür in Menschdorf fast zuschanden, die Menschdorfer kennen die Menschlichkeit nicht, ein Menschdorfer hat stets ein verschlagenes Gesicht, er tut zwar große Töne spucken, aber er mag menschem nicht in die Augen gucken, denn dann würde mensch ja seine Hinterlist gewahren, diese Heimtücke aber will er nicht offenbaren!

Mensche: Menschland muß erstehen, Unmenschland soll vergehen, unser Ertüftler soll sich zusammenreißen, unser Erklügler soll auf die Zähne beißen, er muß seine Lehre zu den Menschen bringen, bisher tat es ihm leider nicht gelingen, er könnte die ganze Menschheit beschwingen, sein Ruf könnte bis in die weitesten Fernen dringen, aber noch weilt er allein, keine Nixe will bei ihm sein, der Mond scheint tröstend in sein Fenster, und um ihn herum raunen düstere Gespenster!

Menscher: Ich kann mich nur wieder über unseren Verfasser beklagen, er ist so untätig, es ist nicht zu sagen, er hält die Mittel in der Hand, um die Welt zu retten, aber er muß sich immer wieder auf sein Nachtlager betten, nun hat er beim Fußballturnier einen Pferdekuß bekommen, das leichte Gehen wurde von ihm genommen, er hinkt mitleiderregend durch die Gegend, Schmerzen plagen ihn ungemein, jetzt kann er erst recht kein Erlöser sein!

Mensche: Es gerät ihm immer irgendetwas dazwischen, niemals kann er seine Zuhörer erfrischen, niemals darf er seine Meinung frei verkünden, dann werden sich auch niemals Mitstreiter mit ihm verbünden, Menschland kann nicht erstehen, Unmenschland kann nicht vergehen, es bleibt alles so, wie es ist, das ist doch der allergrößte Mist, das kann mensch doch nicht verstehen, darin kann mensch doch keinen Sinn jemals sehen!

Menscher: Der erste Mensche ist zugleich der letzte, weil ihm das Menschdorfertum die Nerven zerfetzte, er kann in Menschdorf auf keinen grünen Zweig gelangen, er wird an der Inde niemals irgendwelche Anerkennung empfangen, die Karnevalisten können ihn nicht ehren, denn sie wollen ihre Weisheit nicht mehren, sie wollen Narren bleiben, Jecke und Toren, sie haben sich eine andere Lebensauffassung erkoren!

Mensche: Was hindert unseren Urheber denn daran, seine Lehre zu verbreiten, das Menschtum in JEUNEX muß die Bürger doch durch den Alltag begleiten, von der Wiege bis zur Bahre sollen sie menschen mit Macht, dann zeigt sich ihnen das Gute in all seiner Pracht, weshalb kann unser Ersinner das nicht schaffen, wieso macht er sich vor unseren Augen immer wieder zum Affen, das kann ich nicht begreifen, das muß ich lauthals bekeifen?!

Menscher: Wir sollten über etwas anderes klönen, mit unserem Erdichter werden wir uns niemals versöhnen, natürlich wäre es schön, wirklich und wahrhaftig zu walten, aber unser Erschaffer kann uns nur auf dem Papier gestalten, wir werden niemals eine Daseinsberechtigung auf Erden erhalten, das Unmenschtum wird niemals veralten, das ist unser Los auf Erden: wir dürfen niemals glücklich werden, wir sind dazu verdammt zu leiden, unsere Gegner tun sich an unserem schändlichen Anblick weiden!

Mensche: Ich will endlich auf der Welt wesen, dann würde die Menschheit von ihrer Unmenschlichkeit genesen, doch Jeschua Rex Text bringt es nicht zustande, die Menschheit bleibt eine wütende Bande, es wird verwundet und getötet, vom Blut wird das Erdreich gerötet, der Frieden wird nicht gepflegt, die Eintracht wird nicht gehegt, viele Tiere und Pflanzen verlieren ihr Leben, unser Profet tut vergeblich nach einer besseren Gesellschaft streben!

Menscher: Unser Ersinner krebst herum, das wird ihm allmählich zu dumm, die Schmerzen werden immer schlimmer, und sein Gemüt wird immer grimmer, als einen Menschen in JEUNEX kann er sich nicht erkennen, keine einzige Lilofee tut für ihn entbrennen, er muß darben und schmachten, er muß sich selbst verachten, er hat keinen Halt auf dieser Welt, er ist völlig auf sich allein gestellt, die Menschdorfer tun ihn verwünschen und bekeifen, nicht der leiseste Hauch einer Ahnung von seiner Großartigkeit tut sie streifen!

Mensche: Müssen denn hier immer die Menschdorfer erwähnt werden, soll von den Lesern denn andauernd gegähnt werden, laß die Menschdorfer doch einmal aus dem Spiel, denn sie gelten weder dir noch mir sonderlich viel, mensch kann sie nicht ernst nehmen mit ihrem närrischen Gebaren, von einem Menschdorfer hat mensch noch niemals etwas Gutes erfahren, die Menschdorfer denken schlecht bis auf die Knochen, sie haben schon so manches unfreundliche Wort über unseren Erdichter gesprochen?!

Menscher: Es ist ein Qual, in Menschdorf zu wohnen, das tut sich für einen Künstler nicht lohnen, die Spießbürger können ihn nicht verschonen, denn sie sind so dumm wie das Stroh der Bohnen, das muß mensch leider sagen, kein Mensch tut jemals nach einem Menschdorfer fragen, er ist nicht von Belang, in seiner Nähe wird es menschem bang, denn wenn das der Höhepunkt der menschlichen Entwicklung sein soll, dann hegt Gott auf die Menschen sicherlich einen heftigen Groll!

Mensche: Die Menschdorfer müssen ihr Auschwitz tagtäglich neu errichten, sie kreischen wild auf, wenn sie unseren Ertüftler sichten, sie können nichts Positives über ihn bemerken, sie können ihn nicht kräftigen und stärken, sie sind dem negativen Überlegen verfallen, ihre Rede ist ein dumpfes und stumpfes Lallen, es ist reizlos, ihre argen Worte zu hören, die Menschdorfer können einen wackeren Burschen nur stören!

Menscher: Würden alle Menschdorfer in der Inde ertrinken, würde der erste Mensche ihnen jubelnd zum Abschied winken, es wäre um dieses grobe Pack nicht schade, es schilt der Stenz, es ereifert sich die Najade, ohne Sinn und Verstand müssen sie ihn zusammensprechen, sie hoffen, er wird dann eines Tages zusammenbrechen, aber bis heute hat er ihnen diesen Gefallen nicht erwiesen, er hat stets und ständig seinen Gott JEUNEX gepriesen!

Mensche: Menschland wird erstehen, dann werden die Menschdorfer vergehen, dann wird mensch am Blausteinsee richtige Menschen sehen, dann wird sich alles um Jeschua Rex Text endlich drehen, dann wird sich die Zukunft angenehm gestalten, dann wird der Geist der Versöhnung walten, dann wird die Gesellschaft entdiebt und entmördert, und das Schöne und Gute wird umfassend gefördert, dann wird mensch die rauhen Stimmen der Menschdorfer nicht mehr vernehmen, weil sich auch diese Krähwinkler endlich der Menschlichkeit bequemen!

Menscher: Die Schmerzen im rechten Oberschenkel sind weitgehend verschwunden, heute hat sich unser Ersinner besser befunden, die Arbeit fiel ihm nicht so schwer wie gestern, es lästern zwar nach wie vor die Menschdorfer Brüder und Schwestern, aber das ist er ja gewohnt, er wird von den Spießbürgern nicht verschont, sie müssen ihm ihre Engstirnigkeit immer wieder beweisen, und mit so einem groben Pack soll er nach Menschland reisen!

Mensche: Menschland ist und bleibt ein Traum, der Apfel hängt an einem Baum, die Birne und die Pflaume desgleichen, doch den menschen Staat kann er nicht erreichen, er hat keine Macht, er hat keine Mittel, er hat keinen Titel, er hat keinen Kittel, so muß er zurückstecken mit seinem Wollen, die Menschdorfer aber müssen ihm grollen, weil er seine Weisheit immer wieder vor ihnen versteckt, sie haben den Sinn seines Seins noch immer nicht entdeckt!

Menscher: In der Werkhalle tut andauernd englische Musik laufen, darüber muß sich der erste Mensche die Haare raufen, denn er tut doch in Menschland und nicht in England hausen, diese Fremdbestimmung kann er nicht beapplausen, denn von der englischen Sprache kommt kein Heil, die Genesung wird der Menschheit durch die mensche Ausdrucksweise zuteil, das ist nun einmal so, das Menschtum schafft die Menschen froh!

Mensche: Das will ich aber auch meinen, die Menschheit sollte sich mit dem Menschtun vereinen, alle Erdenbürger sollen die mensche Sprache lernen, um sich vom schädlichen Unmenschtum zu entfernen, das fordert die Zukunft mit Macht, weil sonst alles zusammenkracht, und wir beide vertreten eine neue Zeit, die Menschheit nach Erlösung schreit, durch Jeschua Rex Text wird sie ihr beschieden, dieser Heiland stiftet für alle den ewigen Frieden!

Menscher: An diesem Vormittag hat er fernmündlich mit der Zeitung gesprochen, er hat eine Lanze für sich selbst gebrochen, denn an einem heiligen Abend wurde er geboren, derartige Personen haben sich die "Menschdorfer Nachrichten" erkoren, um ausführlich über sie zu berichten, so wird sich das Dunkel um unseren Erdichter endlich einmal lichten, die Menschdorfer werden von ihm erfahren, die Menschdorfer werden sein Bild im Lokalteil gewahren!

Mensche: Das wird dem ersten Menschen nur wenig nützen, das wird ihn nicht vor den beschränkten Krähwinklern beschützen, sie sind mit Recht einfältig und unduldsam zu nennen, weil sie eine andere Haltung niemals kennen, aber sie behaupten, daß sie vielfältig und duldsam wären, über diesen Widerspruch muß die Wut bei unserem Verfasser ständig gären, er selbst ist einfältig und unduldsam, das gesteht er ehrlich, die Menschdorfer aber lügen, das macht sie gefährlich!

Menscher: Diesen Vormittag hat unser Ersinner im Gesundheitshaus verbracht, leider hat ihm dort keine Nixe gelacht, er hat nur alte Leute getroffen, in der Herzabteilung tut mensch vergeblich auf Zirzen hoffen, sein Betreuer hat ihn dann begleitet, der enge Gesichtskreis wurde geweitet durch ein Frühstück bei Backwerk, einem appetitlichen Laden, die belegten Brötchen und der Kaffee taten dem Magen nicht schaden!
Mensche: Einen Tag lang werden der Herzrütmus und der Blutdruck gemessen, unser Ergrübler hat diese beiden Geräte schon einmal besessen, morgen muß er sie wieder der Empfangsdame geben, das ist auch eine Art zu leiben und zu leben, mensch will wissen, ob der Eingriff am Herzen gut verlaufen ist oder ob von dem Leidenden das Haupthaar zu raufen ist, eine Ärztin wird sich die Befunde beschauen, hoffentlich wird es ihr vor den Aufzeichnungen nicht grauen!
Menscher: Menschland ist noch keinen Schritt weiter gelangt, vor der Langsamkeit unseres Verfassers es mir bangt, der erste Mensche tut gar nichts unternehmen, er tut sich zu keinen kühnen Abenteuern bequemen, eine Öffentlichkeitsarbeit findet nicht statt, niemals wendet sich das Blatt, die mensche Sprache tut nicht erklingen, mensche Lieder tut niemensch singen, in der Werkhalle werden im Rundfunk englische Schlager gesendet, dadurch wird die Not der Welt bestimmt nicht gewendet!
Mensche: Du darfst mich in diesem Zusammenhang nicht ficken, du darfst mich in diesem Rahmen nicht zum Höhepunkt schicken, wir sollen hier immer nur klug und geziert klönen, über diese Zumutung muß ich unwillig stöhnen, doch was will mensch machen, wir haben eben nichts zu lachen, wir dürfen uns über nichts freuen, die Leser werden es bestimmt bereuen, dieses Buch genossen zu haben und Tränen der Trauer über seinen trostlosen Helden vergossen zu haben!
Menscher: Ich kann mir nicht ausmalen, was das alles soll, ich habe die Nase von diesem seltsamen Unterfangen voll, dieses Werk enthält doch nur lauter Schrullen und Macken, es kann die Zuschauer nicht ergreifen und packen, das Menschtum kann mensch auf diese Weise nicht fördern, mensch sollte die Gesellschaft entdieben und entmördern, das wäre einmal ein gesunder Beitrag zu nennen, aber etwas Nützliches tut unser Erfinder nicht kennen!
Mensche: Ich bin ein mensche Frau, ich biete eine beseligende Schau, doch ich muß ein trübseliges Schattendasein fristen, dagegen helfen unserem Ertüftler keinerlei Listen, er ist aufgeworfen mit all seinem Denken, die Bürger wollen ihm keine Aufmerksamkeit schenken, Menschland liegt hinter dem Mond, kein Menscher jemals in Menschland wohnt, und ein mensches Kind kann mensch auch nicht erschauen, niemals kann Jeschua Rex Text die Unmenschen über das Menschtum verschlauen!

Menscher: Unser Ersinner kann nicht mehr klar denken, er will seine Aufmerksamkeit nicht mehr auf das Gute lenken, er hat keine Lust mehr, seine Mitmenschen zu beschenken, er muß sein Bewußtsein nach wie vor unangemessen verrenken, es bereitet ihm kein Vergnügen, in Menschdorf zu weilen, er kann die Menschdorfer nicht von ihrer Engstirnigkeit heilen, die beschränkten Spießbürger wollen in ihrer mittelalterlichen Weltanschauung verharren, so muß auch der erste Mensche vertoren, verjecken und vernarren!

Mensche: Die verbrecherischen Auschwitzianer können sich nicht aus eigenem Antrieb wandeln, sie werden auch in Zukunft ausgrenzend und vernichtungswütig handeln, wenn unser Verfasser sie nicht einmenscht ohne Wenn und Aber, doch noch ergehen sich die Menschdorfer in einem hohlen und leeren Gelaber, sie reden viel und laut, ohne jemals etwas zu sagen, ihr geballter Unsinn kann einem wackeren Burschen nicht behagen!

Menscher: Und andere Leute als die Menschdorfer kann mensch in Menschdorf nicht treffen, auf diese Weise tut das Schicksal unseren geistigen Vater foppen und äffen, er muß andauernd in Menschdorf bleiben, die Menschdorfer können es gar übel mit ihm treiben, er kann sich gegen das grausame Menschdorfertum nicht wehren, er kann die Menschdorfer nicht zur Menschlichkeit bekehren, er kann die Menschdorfer nicht das Menschtum in JEUNEX lehren, er kann seinen und ihren Reichtum leider nicht mehren!

Mensche: Das Menschdorfertum ist ein Skandal, für einen feinsinnigen Menschen ist es eine Qual, wie kann mensch nur so urtümlich überlegen, wie kann mensch nur immer wieder so viel Peinlichkeit erregen, mensch muß sich für die Menschdorfer schämen, mensch muß sich um die Menschdorfer grämen, sie sind so dumm, mensch kann sie nicht ertragen, sie müssen menschen immer wieder mit ihrer Kleinkariertheit plagen?!

Menscher: Ein Menschdorfer kann keine Ideale hegen, er ist niemals für etwas, sondern stets dagegen, er will jetzt und hier feiern, er will kegeln, würfeln und meiern, er kann seine Genüsse nicht verschieben, Enthaltsamkeit tut er gar nicht lieben, er will seinen Frohsinn unmittelbar genießen, jeder Triebverzicht muß ihn verdrießen, er ist nicht fein, sondern roh und gemein, das läßt er menschen immer wieder spüren, das Hohe und Edle kann ihn nicht berühren!

Mensche: Die Menschdorferinnen tun sich wie bei einer Beerdigung kleiden, die schwarze Farbe können sie niemals vermeiden, sie müssen schwarze Hüte, schwarze Blusen, schwarze Röcke, schwarze Schuhe, schwarze Haare und schwarze Mäntel tragen, sie tun es kaum einmal, sich bunt anzuziehen, wagen, so trübe ist auch die Stimmung an der Inde im Jahr, es werden hier keinerlei Wunder wahr, niemals gestaltet sich das Zusammenleben wunderbar, mensch nimmt nur immer wieder einen niederschmetternden Plunder wahr!

Menscher: Unser Ersinner hat an diesem Abend in einem tailändischen Restorang gesessen, dort hat er teilgenommen an einem ausgiebigen Weihnachtsessen, die Arbeitsförderung hat ihre Mitarbeiter zu diesem Labsal gebeten, es war ein Vergnügen für den erleuchteten Profeten, er hat fünf kleine Gläser Orangschensaft genossen, die Gesellschaft hat ihn keineswegs verdrossen, es wurde viel erzählt und gelacht, es hat dem ersten Menschen sehr viel Spaß gemacht!

Mensche: Aber im Grunde soll er doch für Menschland kämpfen, auch wenn die Menschdorfer immer wieder seinen Eifer dämpfen, er soll die mensche Sprache verbreiten, er soll die allgemeine Sittlichkeit in die Höhe leiten, er soll aber nicht in zwangloser Runde Witze erzählen, während viele Täter noch ihre Opfer quälen, er soll die Zahl der Verbrechen vermindern, er soll die Schmerzen der Mühseligen und Beladenen lindern!

Menscher: Eben das liegt ihm fern, er unternähme es ja gern, aber es ist ihm nicht gegeben, er kann nicht nach seinen Idealen streben, er muß vor seiner Umgebung zittern und beben, es nützt ihm nichts, auf nivohvolle Weise zu leiben und zu leben, in Menschdorf geht er vor die Hunde, am Blausteinsee geht er zugrunde, seine Seele blutet aus mehr als einer Wunde, niemals schlägt ihm die rettende Stunde!

Mensche: Seine Schwäche muß mich erschüttern, es wird um ihre Söhne geweint von vielen Müttern, diese Burschen sind für irgendein Elternland als Soldaten gefallen, doch unser Ertüftler kann immer nur lallen, er ist nicht in der Lage, sein Bekenntnis zu lehren, er kann die Gesellschaft nicht entplagen und entsehren, er kann nur lesen und schreiben, auf nützliche Weise kann er es nicht treiben, mensch sollte ihn einmal nachdrücklich züchtigen, dann würden sich seine Hemmungen verflüchtigen!

Menscher: Ich würde so gern in Menschland hausen, denn vor den Unmenschen muß es mir grausen, ich muß das Menschtum beapplausen, doch schauerliche Winde gegenwärtig durch Menschdorf sausen, an der Inde tobt ein gewittriger Sturm, unser Erdichter gleicht einem elenden Wurm, hilflos ausgesetzt ist er dem himmlischen Walten, er kann nicht nach seinem Belieben schalten, er muß seine Kleinheit billigen, er muß in seine Geringfügigkeit willigen!

Mensche: Die ewige Jugend schwebte ihm oftmals vor, doch es lähmte ihn stets der spießbürgerliche Kohr, mensch hat ihn ausgescholten und begeifert, mensch hat sich über diesen Andersdenkenden ereifert, mensch hat ihn grimmig zusammengesprochen, da ist er denn häufig zusammengebrochen, doch er hat sich immer wieder erhoben, mensch muß ihn als ein fleißiges Stehaufmännchen loben, doch auf die Dauer tut es ihm auch nichts helfen, trotz seiner Beharrlichkeit meiden ihn die Sülfen und Elfen!

Menscher: Menschland kann nicht leben, es wird niemals Mensche geben, den menschen Mann schaut niemensch an, die mensche Frau bietet niemenschem eine beseligende Schau, es ist alles aus, es waltet ein finsterer Graus, die mensche Sprache wird niemals erklingen, niemensch wird jemals mensche Lieder singen, es ist alles ein Schlag in das Wasser, unser Erdichter ist kein Täter, sondern ein Unterlasser!

Mensche: Das tun wir doch schon längst wissen, die Menschdorfer haben seine Nerven zerschlissen, er fühlt sich innerlich zerrissen, er ruht viel zu ausführlich auf den weichen Kissen, wieso mußt du diesen traurigen Sachverhalt denn noch betonen, es tut sich nicht, dieses Buch zu lesen, lohnen, die Zuschauer werden hinter das Licht geführt, die Zuhörer werden oftmals unangenehm berührt, mensch soll diese Schrift verbrennen, niemensch will so einen Gallimatias jemals kennen?!

Menscher: Wer keine Einsichten hat, der füllt auch niemals ein Blatt, aber wer etwas erkennt und es seinen Nächsten nicht nennt, was soll mensch mit dem machen, er bringt seine Mitlebenden nicht zum Lachen, er könnte manchmal sogar ihr Dasein retten, aber er muß seinen Kopf zum Schlummern betten, das ist doch nicht zu ertragen, das muß mensch doch lauthals beklagen, was ist das für ein Schauder, alles löst sich auf in ein sanftes Geplauder?!

Mensche: Ich finde auch, es reicht, unser Verfasser ist noch nicht verscheicht, er wird weder Millionen noch Milliarden ergattern, er wird bis zu seinem Tode mittellos tattern, er kann von einem überbordenden Reichtum immer nur schnattern, er wird deswegen nicht gern gesehen bei seinen Gevattern, sein Mund bleibt niemals stumm, doch beim Handeln ist er dumm, er bringt nichts auf die Beine, er hofft, es ginge alles von alleine!

Menscher: Er tut nicht kämpfen, sondern krämpfen, die Menschdorfer müssen seinen Eifer dämpfen, einen Menschen in JEUNEX darf es in Menschdorf nicht geben, ein Jeschua Rex Text darf an der Inde nicht streben, die Menschlichkeit ist am Blausteinsee nicht erbeten, mensch verzichtet gern auf den allergrößten Profeten, mensch will in Ruhe Karneval feiern, mensch will eifrig kegeln, skaten und meiern, doch denken will mensch nicht, das fällt nicht in das Gewicht!

Mensche: Wir dürfen nicht einmal miteinander ficken, denn das täte sich in diesem Rahmen nicht schicken, denn das täte sich in diesem Zusammenhang nicht geziemen, oh, würde doch jemensch unseren Urheber auf die Venus biemen, dann könnte er uns nicht mehr erschaffen, dann gehörten wir nicht mehr zu seinen geistigen Waffen, dann bräuchten wir nicht mehr unter diesem Zwiespalt zu leiden, daß wir auf dem Papier vorhanden sind, doch daß die Bürger uns meiden!

Menscher: Ich finde mich in Menschland nicht zurecht, als einem menschen Mann ergeht es mir schlecht, als einer menschen Frau befindest du dich nicht gut, es sinkt uns beiden allmählich der Mut, wir beide geraten nach und nach in Wut, unser Verfasser andauernd in seinem Bette ruht, darf mensch einmal fragen, was er für Menschland tut, seine Trägheit erhitzt uns das Blut, wir wollen endlich existieren, wann wird er denn einmal nach Menschland marschieren?!

Mensche: Das erste Jahr vor Jeschua Rex Text schreitet unaufhaltsam seinem Ende entgegen, bald werden wir uns im Rahmen einer neuen Zeitrechnung bewegen, wir werden uns dann im ersten Jahr in Jeschua Rex Text entfalten, die Menschheit wird Schritt für Schritt eine neue Verfassung erhalten, dann wird der ewige Weltfrieden errichtet, dann werden die Soldaten für immer vernichtet, dann wird mensch sich vertragen, dann wird mensch einander nicht mehr plagen!

Menscher: Im ersten Jahr in Jeschua Rex Text soll Besseres geschehen, doch wird mensch dieses Erfreuliche dann auch sehen, wie oft hat unser Ersinner nicht schon von einem angenehmen Morgen gesprochen, doch all seine Verheißungen hat er immer wieder gebrochen, Menschland ist nicht vorhanden, Menschland geht nicht einmal zuschanden, denn es ist gar nicht da, es ist den Bürgern nicht nah, niemensch kann die mensche Sprache sprechen, das muß die Menschen entglücken und bepechen?!

Mensche: Ich kann unseren Urheber nicht begreifen, die Menschdorfer tun ihn zu Recht bekeifen, er sitzt still in seiner Stube, er ist ein emsiger und zurückhaltender Bube, er tut das Menschtum in JEUNEX nicht verkünden, da nimmt es nicht wunder, wenn sich keine Anhänger mit ihm verbünden, soll das bis zu seinem Tode währen, kann er immer wieder nur neue Bücher gebären, viele Schriftsteller schon in der Öffentlichkeit erstarkten, doch unser Ergrübler kann sich einfach nicht vermarkten?!

Menscher: Im ersten Jahr in Jeschua Rex Text wird sich auch nichts wandeln, unser Erdichter wird niemals tatkräftig und zielstrebig handeln, er will immer nur in seiner Klause hocken, er will immer nur zuhause hocken, dann kann er die Menschdorfer schelten, denn sie leben in der beschränktesten aller Welten, aber er selbst tut seinen Gesichtskreis ebenfalls nicht weiten, dabei könnte er den Menschen das Paradies auf Erden bereiten!

Mensche: Die Menschdorfer haben in seinem Gemüt einen Trotz erzeugt, diesem Starrsinn wird sich vom ersten Menschen gebeugt, er will die Gebrechen dieser Spießbürger nicht heilen, sie sollen auch weiterhin in ihrer selbstgeschaffenen Hölle weilen, und wenn er die Todesanzeigen studiert, dann er sein Mitgefühl nicht an die Menschdorfer verliert, nur einen toten Menschdorfer kann er einen guten Menschdorfer nennen, denn eine Leiche tut das Schmähen, Demütigen und Ausgrenzen nicht kennen, es können gar nicht genug Menschdorfer sterben, dadurch kann sich unser Ertüftler in der Fußgängerzone etwas Ruhe erwerben!

Menscher: Der Hausarzt meinte, der Pferdekuß wäre nicht so schlimm, diese Feststellung erregte beim ersten Menschen einen leisen Grimm, denn er leidet heftig unter dieser Prellung von neulich, ja, er findet sie geradezu abscheulich, aber das Bein wird nicht abgesägt werden, das versicherte ihm der Doktor mit nachdrücklichen Gebärden, er solle die blauen Stellen nur immer kühlen, dann würde er bald eine Besserung fühlen!

Mensche: So muß sich unser Ersinner quälen, er tat es sich gewißlich nicht wählen, bei der Arbeit hält er gerade so mit, es schmerzt ihn ein jeder Schritt, er ist froh, wenn der Feierabend kommt, weil sein Körper ihm nur noch eingeschränkt frommt, er ist eben behindert, sein Leiden wird dadurch gelindert, daß er sich mit seinen Gefährten gut verständigt, auf diese Weise wird so mancher Unmut bei ihm ge-bändigt!

Menscher: Aber Menschland ist noch immer nicht erstanden, unser Ertüftler schmachtet in verschiedenen Fesseln und Banden, vor allem hat er keine Macht, es wird von ihm nichts vollbracht, er hat kein Geld, er ist ein trostloser Held, er kann zwar schreiben, doch er darf es nicht treiben, er kann zwar dichten, doch er darf nichts verrichten, er darf die Unmenschen nicht vernichten, darauf muß er vorerst verzichten!

Mensche: Ich würde so gern mit dir eine Nummer schieben, aber unser Ergrübler verbietet es uns, uns zu lieben, hier und jetzt dürfen wir die Sinnlichkeit nicht üben, das muß mich nun aber denn doch betrüben, denn ich küsse, streichle und ficke gern, unser Los steht unter einem ungünstigen Stern, wir beide sollen menschen ohne Wenn und Aber, doch unser Ertüftler ergeht sich ja doch nur in Gelaber, er läßt uns unverbindlich plaudern, vor einem derartig leeren Blabla muß es mir schaudern!

Menscher: Ich kann Menschland nicht machen, ich habe nichts zu lachen, ich wese nur auf dem Papier, ich habe in der Welt kein Revier, die Menschlichkeit ist den Erdenbürgern fremd, gegen diese Tatsache sich unser Verfasser vergeblich stemmt, er ist gehemmt, er ist verklemmt, er kann nichts bewirken in den irdischen Bezirken, dabei ist es heute so leicht wie niemals zuvor, doch er leiht den neuen Möglichkeiten nicht sein Ohr!

Mensche: Ich kann dieses Schenie nicht verstehen, wie soll sich denn dann alles um ihn jemals drehen, er muß sich doch an die Öffentlichkeit wenden, er muß die frohe Botschaft doch einmal senden, doch er hüllt sich in ein mitleidloses Schweigen, er sollte den Leuten Menschland endlich zeigen, er sollte ihnen endlich die menschen Schwingungen geigen, doch er zählt nicht zu den mutigen Männern, sondern zu den feigen, er sitzt als ein braver Bube einsam in seiner Stube, das erste Jahr in Jeschua Rex Text ist noch nicht gekommen, deshalb wird der leidvolle Druck noch nicht von den Gemütern genommen?!

Menscher: Ich will nicht mehr auf Menschland hoffen, es hat uns nun einmal das Unglück getroffen, daß der erste Mensche uns verfaßt, das Tun und Machen ist ihm verhaßt, er will immer nur sehen und schauen, davor muß es dir und mir grauen, er will immer nur still und einsam hausen, davor muß es dir und mir grausen, er singt wehmütig die Lorelei, doch er holt sich niemals eine Nixe herbei, die Ballade von Heinrich Heine ist an ihn verschwendet, er hat noch keine Botschaft an eine Zirze gesendet!

Mensche: Die Menschdorferinnen können ihm nicht behagen, diesen Spießbürgerinnen muß er seinen Beifall versagen, und andere Schicksen tut er nicht treffen, auf diese Weise muß ihn das Schicksal foppen und äffen, Menschland kann er nicht errichten, Unmenschland kann er nicht vernichten, die mensche Sprache tut nicht erklingen, das Menschtum tut nicht in die Ferne dringen, mensche Arien tut niemensch singen, unserem Urheber tut nichts gelingen!

Menscher: Heute tut er seit sieben Monaten Jeschua und Rex Text amtlich heißen, aber er kann sich noch immer keiner segensreichen Vollzüge befleißen, der neue Name hat ihn zwar entzückt, aber seine Wirkung hat ihn noch nicht beglückt, so muß er auch weiterhin schmachten, so muß er auch weiterhin vergeblich nach einem Beischlaf trachten, als Jeschua und als Rex Text bringt er nichts zustande, mensch erblickt immer noch keinen Einwohner im menschen Lande!

Mensche: Ich mensche, also bin dich, das stimmt, auch wenn der Unmensch dagegen ergrimmt, doch unser Erdichter menscht nur auf dem Papier, das Menschtum kennt kein irdisches Revier, die Menschlichkeit ist auf der Erde nicht verbreitet, der Gott JEUNEX hat die Menschen noch nicht begleitet, die Sittlichkeit wurde nicht in die Höhe geleitet, auf diese Weise unser Erklügler stets auf der nämlichen Stelle schreitet!

Menscher: Das erste Jahr vor Jeschua Rex Text wird bald beschlossen, dann wird mensch durch das erste Jahr in Jeschua Rex Text entdrossen, eine neue Kalenderzählung bricht sich Bahn, dann verschwindet der überlieferte Wahn, dann werden die Menschen sich vertragen, dann werden sie einander nicht mehr plagen, dann werden sie sich miteinander versöhnen, dann werden sie gern dem Guten und Schönen frönen!

Mensche: Ich mensche, also bin ich, das ist richtig, und doch ist es auch wieder nichtig, denn ich bin ja gar nicht vorhanden, die Pläne unseres Ertüftlers gingen bisher zuschanden, ich mensche nicht, also bin ich auch nicht, unser Schreiberling ist ein schlichter Wicht, er hat keine Macht, und seine geistige Pracht zeigt sich nicht auf Erden, wie soll mensch da selig werden, das ist nicht zu begreifen und zu fassen, es stehen in seinem Schrank nicht sämtliche Tassen?!

Menscher: Unser Ersinner hat an diesem Nachmittag im Garten gewerkt, das hat er danach in seinen Knochen gemerkt, bei nassem Wetter mußten sie Laub zusammenfegen, sie taten sich friedlich zu viert zusammen regen, danach war die Hose des ersten Menschen befleckt, er hat den Schmutz mit Schrecken entdeckt, doch er konnte den Stoff nicht reinigen, auf diese Weise muß das Leben uns peinigen, auf diese Art muß das Dasein uns quälen, manche Leute müssen andauernd Kartoffeln schälen!

Mensche: Na ja, das ist doch nicht so schlimm, es erweckt bei mir jedenfalls keinen Grimm, die Wäsche wird nun einmal fleckig, das Runde wird nun einmal eckig, der Wandlungen gibt es viele, doch nicht alle führen zum Ziele, unser Ersinner muß seine Hose nun in die Waschmaschine stecken, das ist doch kein Grund, dem Schicksal entsetzt die Zähne zu blecken, das ist doch kein Anlaß, dem Los unwirsch die Faust zu ballen, die vielfältigen Erscheinungen können menschem nun einmal nicht allesamt gefallen!

Menscher: Menschland ist noch immer nicht entstanden, unser Verfasser schmachtet in unsichtbaren Banden, die einhundert Milliarden menschen Jeschuas wollen nicht zu ihm fließen, er kann nicht als der Reichste der Welt seine Stunden genießen, weder eine Million noch eine Milliarde hat er sich erworben, das dumpfe Menschdorfertum hat all seine Pläne verdorben, das stumpfe Menschdorfertum hat all seine Absichten zerstört, er hat viel zu häufig auf das Blabla der Menschdorfer gehört, sie reden ja doch nur Stuß, eine Menschdorferin erhält von ihm keinen Kuß!

Mensche: Sie stiftet ja nur Verdruß, sie hat ein Einfühlungsvermögen wie ein Bus, nein, eine Menschdorferin eignet sich nicht zum Ficken, eine beschränkte Spießbürgerin will kein wackerer Bursche zum Höhepunkt schicken, das ist so klar wie die Suppe mit den Klößen, eine geistige Hinterwäldlerin wird sich niemals neben seinem Bett entblößen, er will sie nicht haben, sie kann ihn nicht erlaben, er will sie nicht besitzen, er will nicht mit ihr auf dem Laken schwitzen!

Menscher: Übermorgen wird das Teaterstück vielleicht gegeben, vielleicht tut unser Urheber mit Erfolg danach, es aufzuführen, streben, vielleicht aber auch nicht, in seinem Schädel brennt ein helles Licht, das hat er uns ja oftmals angepriesen, aber nun ist er auf seine Mitmenschen angewiesen, eine Rede kann er allein sicher halten, doch ein Schauspiel kann er nicht selbst gestalten, mit verteilten Rollen wollen sie es lesen, das ist ihm immer ein hohes Vergnügen gewesen!

Mensche: Der erste Mensche kann nicht organisieren, wie will er da nach Menschland marschieren, wie will er da die Tempel des Jeschua Rex Textes errichten, und darauf, JEUNEX zu verehren, muß mensch ebenfalls verzichten, die Stehmänner werden nirgendwo prangen, die Menschheit tut zwar dringend danach verlangen, doch unser Ergrübler stellt nichts auf die Beine, er befindet sich mit keinem einzigen Anhänger im Vereine!

Menscher: Morgen wird das Teaterstück mit verteilten Rollen gelesen, es enthält sehr viel von unseres Ersinners Wesen, wird es ihm auch gelingen, die Leute zum Mitmachen zu bringen, so lautet hier die Frage, die Antwort liegt noch nicht klar zutage, möge JEUNEX unserem Dichter nützen, möge JEUNEX unseren Ergrübler unterstützen, er wird seinen Beitrag entrichten, dazu tut ihn sein Schenie verpflichten?!

Mensche: Und was soll mit uns beiden geschehen, ich würde uns gern im Bette sehen, doch unser Erfinder verfällt gar nicht auf diesen Gedanken, wir sollen uns immer nur streiten und zanken, er will zwar den ewigen Weltfrieden errichten, doch unsere Ruhe muß er stets und ständig vernichten, das geht mir gegen den Strich, ich verlange die Eintracht auch für mich, ich will nicht andauernd feiten, die Harmonie des Alls soll mich begleiten!

Menscher: Wir müssen an Menschland denken, das Menschtum kann die Bürger überreich beschenken, doch wo ist Menschland zu erschauen, wer hilft dabei, Menschland zu erbauen, in dieser Hinsicht muß es mir grauen, niemals tut ein Himmel über den menschen Gefilden blauen, die mensche Sprache wird nicht verwendet, mensche Botschaften werden nicht gesendet, das ist doch alles Mist, ich sage es, weil es so ist?!

Mensche: Wir haben doch gar nichts mit Menschland zu schaffen, wir zählen zwar zu den geistigen Waffen, die unser Gewahrer ersonnen hat, als er sein Unternehmen begonnen hat, aber er ist nicht in der Lage, uns Wirklichkeit zu bereiten, er tut als ein Einfaltspinsel durch Menschdorf schreiten, wie Falschgeld läuft er umher, ihn ernst zu nehmen fällt schwer, und wir beide müssen in die Röhre gaffen, unser Verfasser macht sich bei den Menschdorfern zum Affen!

Menscher: Unser Urheber hat zu den Menschdorfern keinen Draht, ihnen gegenüber gibt es für ihn weder einen Rat noch eine Tat, er sucht diesen wüsten Pöbel zu meiden, er kann die Menschdorfer nun einmal nicht leiden, sie sind zu grob, sie erhalten nicht sein Lob, sie sind zu derb, sie gestalten das Zusammenleben herb, sie sind so dumm wie das Stroh der Bohnen, der Umgang mit ihnen tut sich wirklich nicht lohnen!

Mensche: Ist das alles, was er weiß, keine Menschdorferin liebt ihn heiß, keine Menschdorfer will mit ihm ficken, keine Menschdorferin tut ihm jemals gunstvoll nicken, das ist ein Elend und eine Not, unser Erzähler ist fast schon tot, wie ein Geist wandelt er durch die Gegend, das Mitleid der Spießbürger oftmals erregend, mensch kann nur für ihn beten, er hält sich für den größten Profeten, doch er kann seinen Gott nicht verkünden, darum will sich kein Anhänger mit ihm verbünden?!

Menscher: An diesem Abend wurde das Weihnachtsessen für die Behinderten begangen, doch im Talbahnhof tat es den Gästen davor bangen, sich am Teaterstück zu beteiligen, da wurde es einsam um unseren Heiligen, er konnte das Schauspiel nicht bieten, er war nicht so stürmisch wie der alte Zieten, er konnte die weiblichen Rollen nicht besetzen, die Mutlosigkeit der Anwesenden tat ihn fast schon verletzen!
Mensche: Die heutigen Menschen wollen nur noch gucken, und wenn mensch sie zum Handeln auffordert, dann müssen sie schlucken, sie trauen sich nicht zu, etwas auf die Beine zu stellen, auf diese Weise taten sie den ersten Menschen um seine Genüsse prellen, die sanfte Liese hat nur Witze erzählt, mit ihrem albernen Lachen hat sie unseren Verfasser gequält, er fand kaum jemensch, mit dem er sprechen konnte und mit dem er sein Alleinsein wenigstens etwas durchbrechen konnte!
Menscher: Drei Stunden lang hat dieses Abendessen gedauert, unser Urheber hat leider nicht gepauert, aber so ist das eben, manchmal gelingt etwas nicht im Leben, das sollte mensch nicht begreinen, das sollte mensch nicht beweinen, die Menschheit besteht eben nicht nur aus Helden, die sich beherzt zu einem Wagnis melden, es gibt auch viele durchschnittliche Personen, mit ihnen zu verkehren tut sich nicht lohnen!
Mensche: Unser Ergrübler kann an diesem Abend nicht mehr viel machen, es verging ihm unter diesen trostlosen Umständen das Lachen, diese Seite muß er noch schreiben, auf mensche Weise muß er es noch treiben, dann wird er sich darniederlegen, er tat sich in dieser Woche genugsam regen, nun will er im Schlaf Vergessen suchen, er muß sein grausames Dasein verfluchen, es ist eine Qual für ihn, andauernd Behinderte zu erschauen, es muß ihm vor dieser Hölle immer wieder grauen!
Menscher: Er kann die Gehändikäpten durchaus gut leiden, aber er trachtet danach, sie auch einmal zu meiden, denn er will die Fülle der Welt erfahren, da mag er nicht nur siechende Menschen gewahren, er will auch einmal gesunde Mitlebende kennen, es soll auch eine Eva, die sich wohlbefindet, für ihn entbrennen, im Getto der Einschränkung will er nicht länger leben, er tut nach einem glücklichen Dasein streben!
Mensche: Diese Gesellschaft tut sich für ihn nicht lohnen, er muß auch mit drei Trotteln wohnen, das ist eine riesige Last, er gleicht einem Schiff ohne einen jeglichen Mast, er kann damit nicht segeln, doch er kann es auch nicht anders regeln, das Leben gewährt ihm keinen Reichtum an Geld, er ist und bleibt völlig auf sich allein gestellt, das Menschtum in JEUNEX hilft ihm auch nicht weiter, er wird durch das viele Bücherlesen auch nicht gescheiter!

Menscher: Heute vor zwanzigacht Jahren hat Menschland das Licht der Welt erschaut, unser Ersinner verkündete seinen menschen Einfall aber nicht laut, in dieser langen Zeit hat er nicht für uns getrommelt und gepfiffen, und die Menschheit hat das Menschtum bis heute nicht begriffen, so müssen wir harren und warten, irgendwann wird sein Feldzug für die Nächstenliebe starten, doch vorerst müssen wir uns bescheiden, das läßt sich leider nicht vermeiden!

Mensche: Ich kann unseren Ertüftler nur verachten, sein Geist tut offensichtlich umnachten, er setzt uns, ohne uns zu predigen, das ist auch eine Art, jemenschen zu erledigen, das ist auch eine Weise, jemenschen zu verwunden, die Menschheit kann durch das Menschtum nicht gesunden, wenn niemensch ihr das Menschtum sagt, mensch wird von unserem Ergrübler nur geplagt, das ist eine Schande und eine Not, ich wünsche mir, er wäre schon tot, denn er wird in seinem Leben ja doch nichts erreichen, niemals wird dieser Gernegroß verkrösussen und verscheichen!

Menscher: Wie kann mensch uns nur zwanzigacht Jahre lang verbergen und verstecken, kein einziger Bürger tut jemals den Kopf nach uns recken, niemensch will uns erblicken, niemenschem tut unser Erdichter seine Botschaft schicken, das ist ein Elend sondergleichen, so kann das Unmenschtum gar nicht weichen, die mensche Sprache kann nicht ertönen, mensch tut sich nicht an mensche Sätze gewöhnen, mensche Lieder tun nicht erklingen, mensche Arien tut kein jugendlicher Heldentenor singen?!

Mensche: Wer soll Menschland errichten, wir müssen darauf verzichten, wir müssen es entbehren, niemensch will die Leute zu Menschland bekehren, das ist mir gar nicht gleich, der Schädel unseres Urhebers ist weich, er hat kein Rückgrat aufzuweisen, denn sonst würde er endlich nach Menschland reisen, seine menschen Bücher will niemensch lesen, mensche Temen erörtert niemensch am Tresen, das ist mir nicht genehm, unser Künstler ist doch zu bequem?!

Menscher: Die Menschdorfer haben recht: er ist nicht gut, sondern schlecht, was tun denn die besten Einfälle nützen, wenn sie die Menschen nicht vor ihrer eigenen Dummheit beschützen, mensch soll sein Licht weit leuchten lassen in die Runde, doch wann wird den Toren von Menschland die Kunde, diese Unfähigkeit muß mich erregen, ich habe etwas, sogar sehr viel dagegen, das darf es nicht geben, so darf mensch nicht leben?!

Mensche: Das erste Jahr vor Jeschua Rex Text ist bald verstrichen, bald ist diese Zeitspanne für immer gewichen, und dann wird das erste Jahr in Jeschua Rex Text beginnen, dann wird mensch ein neues Lebensgefühl gewinnen, ach, hoffentlich wird es dann besser für die mensche Idee, denn daß sie nicht zur Wirklichkeit wird, tut mir weh, ich will den menschen Mann und die mensche Frau endlich sehen, sie sollen untergehakt durch die Fußgängerzone gehen, dann werden die Menschdorfer richtige Menschen gewahren, dann werden sich mensche Anhänger um unseren Erfinder scharen!

Menscher: Ich muß um Menschland Tränen vergießen, sie tun mir aus heißem Herzen fließen, ich bin zwar ein harter Mann, der sich üblicherweise beherrschen kann, doch es zerrt zu heftig an meinen Nerven, und es muß meine Abgespanntheit noch verschärfen, daß keine menschen Gestalten wandeln, wie kann ein Verfasser nur so nachlässig handeln, Jeschua Rex Text hat uns erfunden, aber niemals tut er uns öffentlich bekunden?!

Mensche: Er müßte auch einmal die Treppe reinigen, aber eine riesige Trägheit tut ihn peinigen, das große Buch vom Menschen will er sich kaufen, da müssen wir beide uns die Haare raufen, denn während er es genießt, geht kostbare Zeit verloren, ich wäre gern verliebt in dich bis über beide Ohren, doch unser Urheber tut dies nicht gestatten, wir beide dürfen einander nicht begatten, das ist traurig, das ist schaurig!

Menscher: Und all dies haben die Menschdorfer verschuldet, sie haben den ersten Menschen in ihrer Gemeinde nicht geduldet, dabei ist er erst vor über fünf Monaten verkehrsfähig geworden, davor wollte er sich oftmals selbst ermorden, also liegt die Ursache in seinem Betragen, da sollte er nicht über die Menschdorfer klagen, zwar tun sie Mumien gleichen, sie sind wirklich lebende Leichen, aber sie sind doch freundlich und nett, und manche Menschdorferin spränge mit ihm in das Bett, aber er will keine Menschdorferin haben, eine beschränkte Spießbürgerin kann ihn nicht erlaben, und die Jeschua Rex Texterinnen tun auf übertriebene Weise lachen, ja, soll er denn mit einer Südreicherin das Tier mit den vier Beinen machen?!

Mensche: Beim Weihnachtsessen für die Behinderten hat er eine stattliche Zirze erschaut, vor ihrem Anblick hat es ihm gar nicht graut, sie war groß gewachsen, genau das Richtige für den Burschen aus dem niederen Sachsen, ihre Kleidung war netzhauterquickend geschnitten, er hat unter dieser Augenweide gar nicht gelitten, er wurde von ihr angezogen über die Maßen, aber es verging ihm das Scherzen und Spaßen, denn das Gesicht der Ledi war eine trostlose Grimasse, da bedachte er sie denn doch mit seinem Hasse!

Menscher: Diese Eva erweckte den Eindruck, als würde sie ununterbrochen weinen, mit so einer Schwarzseherin wollte sich der erste Mensche denn doch nicht vereinen, gehaßt hat er sie eigentlich nicht, es mißfiel ihm nur ihr Gesicht, und so muß er sein Schicksal verfluchen und auch weiterhin nach einer geeigneten Salome suchen, in wenigen Tagen wird er seinen sechzigsten Geburtstag begehen, wann wird sich denn endlich einmal alles um ihn allein drehen?!

Mensche: Wahrscheinlich nirgendwann, seine Laufbahn fängt niemals an, er legt die Hande in den Schoß, was hemmt und hindert ihn denn bloß, er läßt seine Bücher nicht drucken, dann würde mensch wenigstens gegen sie mucken, dann würde mensch wenigstens gegen sie murren, dann würde mensch wenigstens über sie knurren, aber auf diese Weise werden sie nicht beachtet, und ihr Erdichter wird als ein unheilbarer Einfaltspinsel betrachtet?!

Menscher: An diesem Tag tut die sanfte Liese ihren vierzigsten Geburtstag begehen, unser Ersinner kann es nicht mehr begreifen und verstehen, wieso er dieses brutale Trampel derart tat lieben, er hat über zehntausend Seiten über sie geschrieben, heute kann er dies nicht mehr fassen, er tut sie deswegen nicht gerade hassen, aber sie gilt ihm reizlos in seinen Augen, sie kann ihm nicht zur Unterhaltung taugen, selten er noch einmal an sie denkt, er hat ihr auch nichts, gar nichts geschenkt!

Mensche: So geschieht es eben im Leben, mensch tut in Bangnis schweben, und dann vergißt mensch seine Sorgen, mensch genießt das Dasein in einem besseren Morgen, als Jeschua und als Rex Text fühlt er sich frei, er schreit deswegen nicht gerade juchhei, aber eine riesige Last ist von ihm gesunken, der Wahnsinn hat ihm damals aus der Nähe gewunken, jetzt aber darf er sich verkehrsfähig nennen, und bald wird eine atemberaubende Sexbombe für ihn entbrennen!

Menscher: Menschland dagegen wird nicht erbaut, die Bürger werden nicht über das Menschtum verschlaut, der erste Mensche und die erste Mensche bleiben im Dunkeln, die Sterne über ihnen gar grausam funkeln, die mensche Sprache tut nicht erklingen, mensche Lieder tut niemensch singen, das erste Jahr vor Jeschua Rex Text wird bald enden, doch unsere traurige Lage wird sich auch dann nicht wenden, wir sind unrettbar verloren, es hat sich alles gegen uns verschworen!

Mensche: Unser Verfasser feiert das erste Jahr in Jeschua Rex Text allein, kein Mensch wird an diesem Tage bei ihm sein, er wird um Mitternacht aus dem Fenster schauen, vor den feierwütigen Menschdorfern wird es ihm grauen, sie jagen viel Geld für ihr buntes Schauspiel in die Luft, er aber fühlt sich dann wie eine Mumie in ihrer Gruft, ein neues Zeitalter tut beginnen, doch er kann seiner Einsamkeit nicht entrinnen!

Menscher: Die Menschdorfer können ihn nicht verstehen, sie können keinen Sinn in seinem Denken sehen, doch die Menschdorfer sind nicht das Maß aller Dinge, sie schätzen vor allem Diamanten und goldene Ringe, die Feinheiten des Geistes bleiben ihnen verborgen, sie müssen sich um die Weihnachtsgeschenke sorgen, das Überlegen ist ihnen lästig und bürdig, sie halten sich seiner nicht für würdig!

Mensche: Die Menschdorfer wollen immer nur lachen und das Tier mit den vier Beinen machen, höhere Empfindungen tun sie nicht beseelen, für ein Studium an einer Hochschule kann mensch sie nicht empfehlen, sie sind niedrige und gewöhnliche Gestalten, sie können ihren Eifer nur für das Urtümliche entfalten, jegliche edle Regung geht ihnen abhanden, deshalb kann unser Ergrübler keinen Sieg bei ihnen landen, doch die Menschdorfer bestimmen nicht die Welt, unser Ertüftler ist und bleibt ein überragender geistiger Held!

Menscher: Morgen wird unser Ersinner seinen sechzigsten Geburtstag begehen, einen einzigen Gast wird mensch dann in seiner Wohnung sehen, und es ist auch noch ein Mann, eine Frau fängt nichts mit ihm an, als Jeschua und als Rex Text ist er zwar verkehrsfähig geworden, aber er könnte sich manchmal noch immer selbst ermorden, seine Einsamkeit muß an seinen Nerven sägen, das Schicksal bedenkt ihn immer wieder mit Schlägen!

Mensche: Er hat doch uns, der weise Denker, er ist noch kein umsichtiger Lenker, seine Handlungen geschehen nur auf dem Papier, niemals verläßt er sein enges und staubiges Revier, doch irgendwann wird mensch sein Schenie erkennen, dann wird mensch ihn den größten Dichter aller Zeiten und Länder nennen, dann wird mensch sich seinem Willen beugen, denn die Botschaft vom Frieden wird jedmenschen überzeugen!

Menscher: Was aber soll aus Menschland werden, das frage ich dich mit ratlosen Gebärden, der mensche Einfall siecht vor sich hin, er bringt den Bürgern keinen Gewinn, Menschland liegt zwar in der Luft, aber unser Ergrübler benimmt sich wie ein Schuft, er läßt sein Licht nicht weit leuchten in die Runde, er gibt den Menschen vom Menschtum keine Kunde, auch den Gott JEUNEX tut er verstecken, wie sollen die Jugendlichen da verhelden und verrecken?!

Mensche: Das kann ich auch nicht begreifen, es ist leicht, über die scheltenden Menschdorfer zu keifen, aber unser geistiger Vater sollte einmal etwas auf die Beine stellen, die Schreie nach Hilfe tun laut ergellen, tut er diese Rufe nach Erlösung denn nicht vernehmen, weshalb will er sich zu keinen befreienden Taten bequemen, das kann ich nicht fassen, stets tut er alles lassen, er rafft sich nicht auf zu löblichem Machen, da ist es nur natürlich, daß die Menschdorfer ihn verlachen?!

Menscher: Er gähnt verdrossen vor sich hin, sein Dasein hat nicht den geringsten Sinn, es ist unwahrscheinlich, daß er die Menschheit retten wird und daß er die Sklaven entketten wird, denn er muß ja seine Kleidung waschen, und er möchte ja so gern eine Zirze vernaschen, da hat er keinen Spielraum, um Edles zu verrichten, er muß auf Ruhm und Ehre verzichten, er muß nur immer wieder seine Geilheit bedichten, die Heuchelpfaffen wird er auch nicht zerstören und vernichten!

Mensche: Dieser Ritter von der traurigen Gestalt übt nur eine sehr geringe Gewalt, sein Machtbereich ist klein, wie kann mensch nur so sein, er stellt unter einen Scheffel sein Licht, niemensch kennt sein geistreiches Gesicht, niemensch kennt seinen selbstgebastelten Namen, es meiden ihn noch immer die vornehmen Damen, es fliehen ihn noch immer die stattlichen Herrn, dabei weilte er durchaus in Gesellschaft gern, diesen Widerspruch kann er nicht zertrümmern, ein Betreuer sollte sich angelegentlich um ihn kümmern?!

Menscher: Heute darf unser Ersinner seinen sechzigsten Geburtstag begehen, mensch tat aber nur einen Gast bei ihm sehen, ein Gefährte aus der Werkhalle hat ihn besucht, schon oft hat unser geistiger Vater sein Schicksal verflucht, daß ihn an diesem Tage zur Welt gebracht hat, wiewohl ihm deswegen auch schon oft das Herz im Leibe gelacht hat, Erhabenheit und Einsamkeit vermischen sich bei diesem Fest, und Menschdorf ist und bleibt ein schäbiges Nest!

Mensche: Menschdorf ist das, was mensch daraus gestaltet, und wenn unser Ertüftler all seinen Eifer entfaltet, dann wird er aus Menschdorf eine schöne Gemeinde schaffen, wozu sonst dienen seine scharfgeschliffenen Waffen, er soll die allgemeine Sittlichkeit heben, er soll nach dem ewigen Weltfrieden streben, damit muß er in Menschdorf beginnen, dann wird er dem lastenden Menschdorfertum entrinnen?!

Menscher: Menschland wurde uns noch nicht beschieden, mit unserem Nichtvorhandensein sind wir gar nicht zufrieden, ich würde so gern einen menschen Mann erschauen, doch unser Erdichter kann Menschland nicht erbauen, ich würde so gern eine mensche Frau erblicken, doch niemensch will unserem Erdenker Münzen und Scheine schicken, so muß er eben darben und schmachten, während die Menschdorfer ihn abgrundtief verachten!

Mensche: Ich würde dich ja gern küssen, aber das gehört nicht zu den erlaubten Genüssen, unser Verfasser hat ausführlich über den Sexer und die Sexerin berichtet, bei diesem Buch hat er sich die Seele aus dem Leibe gedichtet, jetzt mag er nicht mehr über die Sinnlichkeit schreiben, wir sollen es in diesem Rahmen unsinnlich treiben, doch das fällt uns schwer, denn das Rammeln behagt uns sehr, ich kann kaum darauf verzichten, und von dir kann mensch nichts anderes berichten!

Menscher: Was soll mensch auch in Menschdorf anderes unternehmen, an der Inde kann mensch sich nur zum Pimpern bequemen, mehr ist hier nicht los, feucht ist so mancher weibliche Schoß, doch in diesem Zusammenhang müssen wir uns anständig verhalten, unser Eifer für den Bettsport muß unverzüglich erkalten, so wollen wir denn hochgestochen filosofieren, unser Urheber aber wird niemals nach Menschland marschieren?!

Mensche: Das ist kaum zu ertragen, wie muß mensch sich doch manchmal plagen, meine Geilheit muß ich verschweigen, meine Scheide darf ich nicht zeigen, ich muß mich vornehm gebärden, na, das wird ja etwas werden, na, das wird ja etwas geben, das ist doch kein genußreiches Leben, mein Dasein hat auf diesen Seiten keinen Sinn, es wird mir kein lustdurchdrungener Gewinn, ich kratze mich deshalb verlegen am Kinn, weil ich offensichtlich fehl am Platze bin?!

Menscher: Menschland kann mensch noch immer nicht erschauen, es muß mir vor unserem Verfasser grauen, mehr habe ich nicht zu sagen, ich muß mich über unseren Urheber beklagen, das erste Jahr vor Jeschua Rex Text ist gottseidank bald vorbei, aber ich fürchte, wir gelten unserem Erdichter auch dann einerlei, wenn das erste Jahr in Jeschua Rex Text beginnen wird, weil er sich niemals auf das Menschtum besinnen wird!

Mensche: Er menscht anscheinend nicht gern, die Verwirklichung liegt ihm fern, der mensche Mann und die mensche Frau böten zwar eine beseligende Schau, doch sie dürfen sich nicht zeigen, wir sollten unserem Erdenker einmal die Meinung geigen, doch ich fürchte, er wird in seiner Trägheit verharren, er frißt zwar an dem Menschtum einen Narren, doch er macht es nicht wahr, das ist wirklich sonderbar!

Menscher: Wir müßten uns einen anderen Ertüftler suchen, denn diesen Ergrübler müssen wir verfluchen, doch welcher Schriftsteller tut sich sonst noch mit Menschland beschäftigen, welches Schenie tut das Menschtum sonst noch kräftigen, da blicke ich ohne Hoffnng in die Runde, niemals schlägt uns die rettende Stunde, niemals wird den Bürgern die befreiende Kunde, niemals strömt die erlösende Rede aus einem wissenden Munde?!

Mensche: Wir sind auf Jeschua Rex Text angewiesen, doch niemals hat er Menschland angepriesen, jedenfalls nicht vor einer harrenden Menge, er meidet jeglichen Trübel und jegliches Gedränge, so soll er sich dahin scheren, wo der Pfeffer gedeiht, durch seinen Einfluß haben wir niemals eine schöne Zeit, das müssen wir leider erklären, er trachtet zwar danach, ein neues Bewußtsein zu gebären, doch es will ihm nicht gelingen, er kann die Menschheit nicht beschwingen!

Menscher: Er muß den Menschdorfern die Schuld in die Schuhe schieben, denn er kann nicht ihr andauerndes Gebuhe lieben, doch das tut in keiner Weise stimmen, sie haben recht, wenn sie über ihn ergrimmen, er teilt den Menschen seine Weisheit nicht mit, obwohl er selbst schon sehr viel litt, er könnte manchen Siechenden das Leben bewahren, doch sie werden niemals etwas über seine Einsichten erfahren, dann müssen sie eben sterben, er läßt sie ungerührt verderben!

Mensche: Die Menschdorfer wissen doch alles besser, sie kämpfen gegen den ersten Menschen bis auf das Messer, dann ist es ihm auch gleich, wenn ein Menschdorfer in das Gras schmählich beißt, sicherlich ist er jemensch, der das Schwarze kunstvoll weißt, aber sie müssen ihn ja demütigen und verletzen, da kann er sich denn mit ihnen nicht in das Benehmen setzen, da sollen sie eben ihr Leben verlieren, dann kann er eben nicht nach Menschland marschieren!

Menscher: An diesem zweiten Weihnachtstag soll unser Ersinner eine Künstlerin besuchen, zuerst tat er ihre Einladung zum Kaffeetrinken verfluchen, denn sie selbst kann mensch beim besten Willen schön nicht nennen, und außerdem lernt er bei ihr nur alte Schachteln und junge Irre kennen, doch das ist immer noch besser, als allein in der Wohnung zu weilen, die Geselligkeit kann menschen von manchen Macken und Nücken heilen!

Mensche: Ja, unser geistiger Vater muß sich mehr unter Leute begeben, es ist ja edel von ihm, nach einer besseren Gemeinschaft zu streben, aber er darf nicht vertrocknen über seinen Romanen, die Einsamkeit lenkt das Denken oftmals in seltsame Bahnen, freilich werden die Ewiggestrigen dort auch Weihnachtslieder singen, diese Weisen tun den ersten Menschen schon lange nicht mehr beschwingen, aber da kann er ja in den Garten gehen und sich in aller Ruhe die Blumen besehen!

Menscher: Es widerstrebt mir, etwas über Menschland zu sagen, denn kein Bürger tut jemals nach diesem Staate fragen, er ist ja auch gar nicht vorhanden, in Menschdorf gingen die Ideale unseres Ergrüblers zuschanden, Menschland ist noch nicht erstanden, Unmenschland fesselt uns noch mit festen Banden, wir müssen in Unmenschland wesen, wir dürfen vom Unmenschtum nicht genesen, die Barbarei hält uns in Haft, wir verlieren nach und nach all unsere Kraft!

Mensche: Das erste Jahr vor Jeschua Rex Text ist bald verstrichen, es hat dem Fundamentbau eines Hauses geglichen, im ersten Jahr in Jeschua Rex Text kann mensch den amtlich bestätigten Jeschua Rex Text erschauen, dann braucht es ihm nicht mehr davor, mit Behörden zu kämpfen, zu grauen, dann ist er Jeschua und Rex Text ohne jedes Aber, dann ergeht er sich nicht mehr in zukunftsverherrlichem Gelaber, sondern der Jeschua und der Rex Text sind zur Gegenwart geworden, unser Ertüftler braucht sich also nicht mehr selbst zu ermorden!

Menscher: Mensch kann ihn endlich verkehrsfähig heißen, er tut sich nützlicher Vollzüge befleißen, er wird auch eine Frau Rex Text bald finden, sie wird sich willig unter seinen wuchtigen Stößen winden, und dann ist die schreckliche Vergangenheit vorbei, dann gilt unser geistiger Vater den Evas nicht mehr einerlei, dann rennen sie ihm nach mit großer Begierde, denn seine Männlichkeit gereicht dann ihrer Weiblichkeit zur Zierde!

Mensche: Unser Erdenker tut in den Startlöchern hocken, kann er die Menschdorferinnen verlocken, werden sie sich um unseren Erdichter scharen, werden sie sich gierig mit ihm paaren, so lautet hier die Frage, entfällt dann eine jegliche Klage, verbessert sich dann seine Lage, verringert sich dann so manche Plage, dann kann er sich auch um Menschland kümmern, dann kann er die Heuchelpfaffen für immer zertrümmern?!

Menscher: An diesem Vormittag hat sich unser Verfasser "das große Buch vom Menschen" gekauft, über den Preis von vierzig menschen Jeschuas hat er sich die Haare gerauft, aber er wird sehr viel Freude dabei finden, es zu lesen, der Mensch ist ihm immer merkwürdig und spannend gewesen, doch vorerst muß er sich noch auf die Suche nach der verlorenen Zeit begeben, doch vorerst muß er noch in einer fernen Vergangenheit leben!

Mensche: Weihnachten ist verstrichen, der Kitsch ist nunmehr gewichen, nun fiebert mensch dem Jahresende entgegen, das Feuerwerk wird die Gemüter erregen, unser geistiger Vater muß noch die Buttermilch holen, dann werden ihm die Menschdorfer mit Ausdrücken den Hintern versohlen, aber sein Körper kann sehr weit schreiten, die Menschdorfer werden seiner Seele ein Waterloo bereiten, es ist eine Qual mit diesen Leuten, die dem ersten Menschen nichts, aber auch gar nichts bedeuten!

Menscher: Einen Menschdorfer kann mensch getrost vergessen, nur ein Menschdorfer ist auf eine Menschdorferin versessen, es hat keinen Zweck, in ihren Gesichtern nach Schönheit zu suchen, und wer sie kennt, der muß sie verfluchen, und wer sie kennt, der muß sie verdammen, für eine Menschdorferin kann sich kein wackerer Bursche entflammen, das wäre nur ein schales Vergnügen, die Sinnlichkeit liegt in Menschdorf in den letzten Zügen!

Mensche: Es ist erstaunlich, daß die Menschdorfer ihr eigenes Bild im Spiegel ertragen, sie müßten eigentlich lauthals über so viel Häßlichkeit klagen, auf bewundernswerte Weise erdulden sie ihr schlimmes Los, und fruchtbar wird manchmal sogar einer Menschdorferin Schoß, dann hat sich doch ein barmherziger Kerl gefunden, er ließ die Menschdorferin durch seinen Schwengel gesunden, verdient hat sie es freilich nicht, denn in ihrem Schädel brennt kein helles Licht!

Menscher: Einen gebildeten Menschdorfer hat mensch noch nicht erschaut, weil es den Menschdorfern vor jeglicher Kultur heftig graut, ein Menschdorfer will nur kegeln, skaten und meiern, ein Menschdorfer will nur seinen albernen Karneval feiern, mehr hat er nicht im Sinn, er bringt menschem keinen Gewinn, er bleibt in seiner Spießbürgerlichkeit stecken, den geistigen Funken kann niemensch in ihm erwecken!

Mensche: So etwas wie Menschdorfer wird es in Menschland nicht geben, die Menschdorfer werden niemals in Menschland leben, eine Welt, in der Menschdorfer weilen, ist nichts wert, wie es menschen eine bittere Erfahrung lehrt, eine Welt, in der Menschdorfer wesen, ist verkehrt, gegen das Menschdorfertum sich jeder kluge Mensch wehrt, mensch sollte die Menschdorfer allesamt vernichten, die Menschheit kann durchaus auf die Menschdorfer verzichten!

Menscher: Wir wollen uns gemeinsam befragen, wieso wir uns über unser Schicksal beklagen, draußen weht ein eisiger Wind, während wir in unserer Wohnung geborgen sind, hier ist es warm und gemütlich und nett, wir beide dürfen ja nicht in das Bett, jedenfalls nicht vor den Augen der lesenden Schar, aber an diesem Abend bilden wir beide ein liebendes Paar, leider gibt es uns nicht in der Wahrheit, das wissen wir leider mit aller Klarheit!

Mensche: In der Einbildung unseres Verfassers, eines ständigen Nichthandelnden und Unterlassers, führen wir ein schattenhaftes Wesen, niemals können wir davon genesen, Menschland wird niemals errichtet, Unmenschland wird niemals vernichtet, der mensche Einfall ist für die Katze, es wäre einmal etwas Mumm am Platze, aber unser Ersinner ist bequem und träge und faul, niemals wird er ein König wie der tapfere Saul!

Menscher: Ich kenne mich in der Bibel nicht aus, doch ich vermisse die Wirklichkeit in unserem Haus, dafür gibt es von mir keinen Applaus, das ist ein völlig schändlicher Graus, wer soll sich denn der Tatsächlichkeit stellen, den Schädel unseres geistigen Vaters tut kein Licht erhellen, die Erkenntnis ist nicht zu ihm gekommen, die Unwirklichkeit wird nicht von uns genommen, Menschland liegt im Nirgendwo, niemals erblickt mensch es irgendwo?!

Mensche: Der mensche Staat wäre erfreulich, doch unser Ergrübler benimmt sich abscheulich, der Jeschua und der Rex Text befähigen ihn nicht zu großen Taten, er muß nach wie vor in seiner selbstgeschaffenen Hölle braten, er kann sich selbst kein Glück jemals zimmern, unser Nichtsein muß sich immer mehr verschlimmern, mensch erblickt keinen einzigen Menschen in der Zeitung, und unser Ertüftler hat noch immer keine weibliche Begleitung!

Menscher: In wenigen Tagen ist das erste Jahr vor Jeschua Rex Text vergangen, dann wird das erste Jahr in Jeschua Rex Text in seinem Glanze prangen, doch was wird sich daraus ergeben, was werden wir beide dann erleben, was wird geschehen, was wird mensch sehen, ich kann an unsere Erschaffung nicht glauben, diese Zuversicht tat uns unser Erdenker rauben, er vertändelt seine Tage mit nichtigen Sachen, es liegt ihm nichts daran, uns lebendig zu machen?!

Mensche: Er sucht die verlorene Zeit, während die Menschheit nach Erlösung schreit, das ist ein Verbrechen sondergleichen, kann denn nichts sein hartes Herz erweichen, wird er denn niemals sein Bekenntnis lehren, er muß die finsteren Heiden doch bekehren, Milliarden mensche Jeschua Rex Texte in JEUNEX sollen walten, dann wird die Menschheit eine neue Verfassung erhalten, doch bis dahin wird noch viel Wasser die Inde hinunter fließen, und wir beide können unser Dasein noch immer nicht genießen?!

Menscher: Unser Verfasser sucht die verlorene Zeit mit Wonne, in diesen dunklen Tagen scheint kaum jemals die Sonne, doch er fühlt sich so wohl wie Diogenes in seiner Tonne, allerdings enthält sich unser Erdichter ebenso wie ein Mönch oder eine Nonne, er kann in Menschdorf keine geeignete Eva finden, deshalb will er sich niemals mit einer Menschdorferin verbinden, die Schönheit erblickt er auf ihren Gesichtern nicht, und in ihren Schädeln brennt nicht sonderlich viel Licht!

Mensche: Unser Erdenker verschwendet nur seine kostbaren Stunden, die verlorene Zeit wird nicht wieder gefunden, wie soll die Menschheit von ihren Siechtümern gesunden, nur unser Held kann die Menschheit entletzen und entwunden, aber er vertieft sich in seine Romane und Novellen, dabei könnte er den Gesichtskreis der Erdenbürger erhellen, doch er weigert sich, seiner Berufung zu willfahren, da können sich denn auch keine Anhänger um ihn scharen?!

Menscher: Weshalb soll er sich um die Menschheit kümmern, während die Menschdorfer ihm das Bewußtsein zertrümmern, sollen die Menschen doch sterben, sie wollen ja keine Weisheit erwerben, mensch kann sie vor ihrer eigenen Dummheit nicht beschützen, mensch kann sie mit geistigen Mitteln nicht unterstützen, dann bleiben sie eben unbelehrt, dann handeln sie eben auch weiterhin verkehrt, dann werden sie eben nicht entsehrt, dann wird ihr Reichtum eben nicht vermehrt?!

Mensche: Das muß mensch unterlassene Hilfeleistung nennen, unser Ergrübler lernt eben keine Leute kennen, er bleibt seiner erschütternden Einsamkeit verhaftet, er hat den Umzug in das Reinland noch nicht verkraftet, in Niedersachsen hat er sich wohl gefühlt, in Nordrein-Westfalen wird sich das Mütchen an ihm gekühlt, in der Fremde muß er leiden, dabei lebt er ganz bescheiden, aber die Menschdorfer müssen ihn erbittert hassen, sie lehnen es ab, sich mit seinen Einsichten zu befassen!

Menscher: In einigen Tagen muß er dabei helfen, ein Zelt zu errichten, dann wird mensch ihn in Neulohn wieder sichten, in diesem Menschdorfer Stadtteil muß er niedrige Arbeiten vollführen, das tut sich offenbar für den Reichsten der Welt gebühren, der Beherrscher der Menschheit muß Stangen durch die Gegend tragen, sein schweres Los muß mensch doch beklagen, er hat keinen Mut, seine Lage zu wandeln, er müßte endlich einmal tatkräftig handeln, doch er kann es nicht unternehmen, niemensch kennt ihn in München oder Bremen!

Mensche: JEUNEX allein weiß, was das soll, sein Seher hat die Nase voll, sein Profet möchte endlich einmal loslegen und pauern, doch er muß seine Tage an der Inde vertrauern, doch er muß allmählich am Blausteinsee versauern, er stößt immer wieder gegen unüberwindliche Mauern, im Fernsehen kann mensch von Menschland nichts erschauen, niemals tut ein heiterer Himmel über den menschen Gefilden blauen, so müssen all seine Vorsätze scheitern, er kann immer nur seine Gefährten in der Werkhalle erheitern!

Menscher: Das Ende des ersten Jahres vor Jeschua Rex Text steht kurz bevor, unser Verfasser ist kein Narr und kein Jeck und kein Tor, obwohl die Menschdorfer ihn immer wieder dazu stempeln, doch es passiert eben kaum etwas in ihren Tempeln, sie verehren einen unzweckmäßigen Gott, sie leiern ihre frommen Sprüche in einem trübseligen Trott, JEUNEX könnte sie befreien, doch sie wollen sich dem JEUNEX nicht weihen!

Mensche: Der Dezember liegt in seinen letzten Zügen, wird der Januar unseren Ersinner auch um seine Genüsse betrügen, wie wird sich das erste Jahr in Jeschua Rex Text gestalten, wird unser Ergrübler seinen Eifer wieder vergeblich entfalten, wird er immer nur ackern und schuften, muß er wie eine versteckte Rose unerkannt verduften, was wird geschehen, was wird mensch sehen, wird Menschland erstehen, wird Unmenschland vergehen?!

Menscher: In Menschland werden wir uns wohl noch lange nicht tummeln, durch die Welthauptstadt Jeschua Rex Text werden wir wohl noch lange nicht bummeln, ich könnte verzagen, ich muß mich beklagen, unser Erdichter ist ein schlapper Mann, der nichts auf die Beine stellen kann, er hat alles erforderliche Wissen, doch seine Nerven sind zerrissen und zerschlissen, er kann nichts mehr bewirken in den seufzenden irdischen Bezirken!

Mensche: Wenn Menschland derartige Erscheinungen bringt, dann ist es klar, warum die mensche Sprache nirgendwo erklingt, ein Menscher kann eben nichts leisten, ein Menscher kann sich eben nur lauthals erdreisten, ein Menscher muß an allen Fronten scheitern, ein Menscher kann nur seine Mitlebenden erheitern, mit läppischen Witzen kann er sie erfreuen, aber große Taten tut er leider scheuen, das ist ein riesiger Mist, ich sage es so, weil es so ist!

Menscher: Die unmenschen Supermärkte sind prall gefüllt, und wenn ein Dichter nach Menschland brüllt, dann fürchten die Bürger um ihren Reichtum mit Macht, ein Menscher hat es in seinem Leben noch zu nichts gebracht, ein Unmenscher dagegen tut einen prunkvollen Reichtum zeigen, da will er denn lieber über das Menschtum schweigen, das Menschtum würde ihn ehren, doch das Unmenschtum kann seinen Wohlstand vermehren!

Mensche: Dann müssen die Engels eben sterben, dann müssen diese Burschen eben verderben, sie können keine Luft bekommen, die Freiheit des Atmens wurde ihnen genommen, es ist ihnen in der Kehle eng geworden, dieses Siechtum tut sie dann ermorden, ja, als Herren Gesund würden sie noch lange leben, aber die Herren Gesund darf es ja nicht geben, so mögen sie eben aus dem Dasein scheiden, das läßt sich unter diesen Umständen eben nicht vermeiden!

Menscher: Das Ende des ersten Jahres vor Jeschua Rex Text ist bald erreicht, dann ist unser Ersinner zwar noch immer nicht verscheicht, aber dann wird er das erste Jahr in Jeschua Rex Text genießen, es wird ihn hoffentlich umfassend entdrießen, und amtlich ist er ja auch Jeschua und Rex Text geworden, mensch kennt ihn zwar weder im Süden noch im Norden, mensch kennt ihn zwar weder im Osten noch im Westen, aber er heilt die Menschheit von all ihren Gebresten!

Mensche: Der Tag des Papstes Silvester ist gekommen, die alte Zeit wird nun von den Menschen genommen, eine neue Kalenderrechnung wird beginnen, ihr kann dann kein Erdenbürger mehr entrinnen, Milliarden mensche Jeschua Rex Texte in JEUNEX wird es geben, sie werden nach dem Guten und Schönen streben, mensch wird den ewigen Weltfrieden errichten, mensch wird die lügnerischen Prediger vernichten!

Menscher: Wann wird mensch Menschland erbauen, wann wird mensch die Menschen über Menschland verschlauen, diese Fragen muß ich hier und jetzt stellen, weil so viele Schreie über das Unmenschtum ergellen, unser Ergrübler läßt sich nicht blicken, sein Los tut ihm keine Barbara schicken, einsam und allein durchlebt er seine Tage, stets und ständig erhebt er seine Klage, doch ein Erfolg stellt sich nicht ein, er muß stets wieder unbegleitet sein?!

Mensche: Ach, was kann Menschdorf ihm schon gewähren, eine Menschdorferin soll ihm keinen Sprößling gebären, eine Menschdorferin kann ihn gar nicht reizen, einer Menschdorferin möchte er den kleinen Ofen nicht heizen, am Blausteinsee kann mensch die Schönheit nicht gewahren, an der Inde möchte sich ein wackerer Bursche nicht paaren, diese Närrinnen kann mensch nicht küssen, das zählt nicht zu den sinnlichen Genüssen?!

Menscher: So möge denn das erste Jahr vor Jeschua Rex Text entweichen, es tat einer Wanderung durch die Wüste gleichen, im ersten Jahr in Jeschua Rex Text soll eine fruchtbare Oase kommen, dann wird die Last des Hungers und des Durstes vom Reisenden genommen, freilich kann mensch die Zukunft niemals genau erkennen, vielleicht wird eine zarte Lilofee für unseren Dichter entbrennen, vielleicht aber auch nicht, mensch hat auf das Morgen keine klare Sicht?!

Mensche: Ich wünsche dir ein frohes neues Jahr, vielleicht werden die menschen Träume ja einmal wahr, vielleicht wird Menschland dann prangen, vielleicht werden die Völker dann nach der menschen Sprache verlangen, unser Erdenker tüftelt im guten Glauben, die Menschdorfer konnten ihm seine Zuversicht nicht rauben, irgendwann wird das positive Überlegen sich durchsetzen mit Macht, dann zeigt sich der erste Mensche in all seiner Pracht, dann wird mensch ihn rühmen und ehren, denn er kann die Harmonie der Welt vermehren!

Vorrede

Ich wollte zu dieser festlichen Gelegenheit ein Teaterstück aufführen, aber das hat sich leider als nicht durchführbar erwiesen, deshalb lesen wir dieses Schauspiel nun mit verteilten Rollen vor.

Ein Beurteiler meinte, es würde weder von rieselndem Schnee noch von Rentierschlitten gesprochen, deshalb hätte es mit Weihnachten nicht viel gemein, und dies hier wäre ja doch nun eine Weihnachtsfeier, aber es ist immerhin von der Herrschaft des Friedens die Rede, von Menschlichkeit und von Liebe, und diese Erscheinungen sind doch die eigentliche Botschaft, ich muß es wissen, ich wurde ja schließlich an einem heiligen Abend geboren.

Menschdorf ist die Stadt an der Inde und am Blausteinsee, in deren Talbahnhof wir gerade weilen, die Welthauptstadt Jeschua Rex Text ist eine Erfindung. Der große Alexander hat sich mehrere Alexandrias geschaffen, General Woschingten hat sich die Stadt Woschingten gewählt, und ich nenne die Stadt der Kaiser und der Printen in meinen Büchern die Welthauptstadt Jeschua Rex Text. Dort spielt eine Fußballmannschaft in der vierten Liga, die vielleicht bald in die dritte Liga aufsteigen wird.

Die Horrorschau, die erwähnt wird, ist die berühmte Rocki Horror Piktscher Schoh, der ich eine Melodie entnommen habe.

Unser Vorgesetzter kommt in diesem Zusammenhang nicht gut weg, aber das liegt nicht an ihm persönlich. Wir wissen alle, daß unser Scheff ein herzensguter Mensch ist und daß er alles tut, was in seinen Kräften steht, um das Arbeitsklima positiv zu gestalten, aber sein Betrieb heißt nun einmal "Arbeitsförderung" und nicht "Freizeitförderung". Unser Boß kann also die Mitarbeiter nicht auffordern, sich in den Aufenthaltsraum zu setzen und die Füße auf den Tisch zu legen und bei Feierabend die Füße wieder vom Tisch zu nehmen und nach Hause zu gehen, sondern auch er muß seine Mitarbeiter zum Arbeiten anleiten. Das läßt sich im besten Betrieb der Welt nicht vermeiden.

Die Zuschauer werden in den folgenden Minuten manches Unbekannte vernehmen. Ich bitte darum, nicht die Bühne zu stürmen, sondern sich ruhig zu verhalten und erst am Ende mit Beifall oder Pfiffen die Leistung der Vortragenden zu quittieren.

Nachbemerkung: Die Lesung mit verteilten Rollen im Talbahnhof in Menschdorf ist leider nicht zustande gekommen.

weitere Vorrede
anläßlich eines Grillfestes vor der Werkhalle am 21.8.1 in Jeschua Rex Text um 15 Uhr

Liebe Arbeitsgefährten, liebe Gäste!
Nachdem wir uns alle hoffentlich in ausreichendem Maße gesättigt haben, wollen wir nun für etwas Unterhaltung sorgen. Aber anstatt nun eine vierte Rede auf unseren Vorgesetzten zu halten, ziehe ich es vor, ein Lustspiel mit dem Titel "Bilder einer Ehe" vorzutragen, das ich vor etwas einem Jahr geschrieben habe.

Ich glaube, wenn mensch alle Anwesenden fragen würde, würde sich niemensch dazu bereit erklären, die Stelle unseres Vorgesetzten einzunehmen. Sein Beruf kostet sehr viele Nerven, es ist viel Verantwortung damit verbunden, und mensch muß organisieren, organisieren, organisieren. Deshalb bitte ich um anerkennenden Beifall für diese Leistung, die nun schon ungefähr vier Jahre lang dauert!

Zu meinem Lustspiel muß ich noch einiges erklären: Menschdorf heißt in meinen Büchern diese Stadt am Blausteinsee, ein Menschdorfer wohnt also in Dürwiß oder in Kinzweiler. Unser Karnevalsmeister ist also in diesem Sinne ein Menschdorfer, unser Vorgesetzter ist kein Mensch-, unser Vorgesetzter ist kein Mensch-, unser Vorgesetzter ist kein Menschdorfer, sondern ein Würselener. Die Welthauptstadt Jeschua Rex Text ist die Gemeinde der Kaiser und Printen, dort steht der Elisenbrunnen, den einige von uns vielleicht kennen.

Es ist traurig, aber ich muß an dieser Stelle noch etwas dazu sagen, wie richtig gelacht wird. Mein Stück ist ein Lustspiel, und sicherlich kann mensch an vielen Stellen darüber lachen, aber es gibt auch besinnliche Sätze, bei denen mensch etwas nachdenken sollte. Wenn zum Beispiel ein erwachsener Kinderlieder singt, dann ist das ja furchtbar komisch, aber sehnen sich viel von uns nicht manchmal nach der Kindheit zurück, in der das Leben doch ein bißchen einfacher war als der rauhe Erwachsenenalltag, und das ist dann doch nicht so entsetzlich lustig, sondern durchaus ernst.

Ich habe mir erlaubt, auch ein bißchen aus der Welt von Jeschua Rex Text einzuflechten. Wenn ein Lied nur daraus besteht, daß dieser Name andauernd wiederholt wird, dann muß mensch sich dazu vorstellen, daß da jemensch versucht, die schlimmen Zustände in der Welt zu verändern, und trotzdem seit über zehnsieben Jahren in diesem Betrieb herumkrebst, weil er sich ja seine Brötchen irgendwie verdienen muß. Auch das ist eine ernste Angelegenheit, die mensch nicht zerlachen sollte!

Und nun viel Spaß!

Diese Aufführung hat dann tatsächlich stattgefunden, wenn auch statt mit acht mit drei Rollensprechern.

Sprechende Personen:

Jeschua Rex Text
Dickerchen
Handwerker
Nachrichtensprecher
Isabell Rex Text
Frau Leckermaul
Fernsehsprecherin
jemensch, der die Bühnenanweisungen vorliest

Die Melodien der Lieder können vom Verfasser erfragt werden.

Bilder einer Ehe

Schauspiel in drei Aufzügen

erster Aufzug

Handwerker: So, Frau Rex Text, soweit ist alles fertig für heute, ich komme morgen wieder, den Vorschlaghammer lasse ich unterdessen bei ihnen liegen. Er stört sie doch nicht etwa?

Isabell Rex Text: Nein, keineswegs, Herr Flinkhand, es ist schon in Ordnung. Ich danke Ihnen sehr für Ihre Bemühungen, nein, für ihr Können, es sieht alles ganz gut aus bisher.

Handwerker: Das wird auch so bleiben, darauf können Sie sich verlassen, unseren Betrieb gibt es schon seit über einhundertfünfzig Jahren, vom Ururgroßvater auf den Urgroßvater vererbt, dann vom Urgroßvater auf den Großvater, vom Großvater auf den Vater, vom Vater auf den Sohn, und der bin ich!

Isabell Rex Text: Dann bin ich ja beruhigt. Auf Wiedersehen bis morgen! - Ach, wenn mein Mann doch auch noch so umtriebig wäre wie dieser Meister vom alten Fach, aber ich muß anfangen, mir Sorgen um meinen Jeschua zu machen. Er ißt nicht mehr so viel wie sonst, im Beruf lassen seine Leistungen nach, sein Vorgesetzter hat sich schon mehrmals über ihn beschwert, und auch im Bett herrscht eine ziemliche Flaute, einmal in der Woche ist doch arg wenig, und dann dauert es auch nur zwei, drei Minuten, und der ganze Zauber bricht gar kläglich in sich zusammen. Wenn mich doch jemensch aus dieser Not retten könnte!

Es klopft an der Tür.

Ach, da kommt er ja, jetzt geht das Leiden wieder los!

Dickerchen: Guten Tag, Isabell! Ich wollte dich einmal besuchen, dein Mann kehrt heu-te erst später heim, in unserer Firma muß er zu einer Sonderschicht, seine Leistungen lassen doch sehr zu wünschen übrig, und da hat unser Vorgesetzter ihn zu unbezahlten Überstunden verdonnert. Ja, ja, mensch wird nicht jünger. Haben wir denn etwas Schnaps im Haus?

Isabell Rex Text: Nein, damit kann ich leider nicht dienen, aber komm doch erst einmal herein, du stattlicher Bursche, und so jung, du hast sicher noch viel Kraft?

Dickerchen: Du mußt mich nicht gleich auf Herz und Nieren prüfen, aber ich meine doch, alle im Betrieb sind mit mir zufrieden, und meine vielen Freundinnen haben sich auch noch niemals über mich beklagt. Du bist aber eine fesche Maid, du? Sind wir heute abend denn allein?

   Isabell Rex Text: Gegenwärtig ja, denn wenn der Jeschua erst später kommt, dann weiß ich nicht, womit ich mich in der Zwischenzeit beschäftigen soll.

   Dickerchen: Ich wüßte da schon etwas. (Kneift sie vertraulich in die Seite.)

   Isabell Rex Text: Oh, du bist aber ein ganz feuriger Kasanova, bei dir geht es wohl unverzüglich zur Sache?

   Dickerchen: Was soll ich viele Worte verlieren, bin ich etwa ein Schriftsteller, gottseidank nicht, ich lasse lieber Taten sprechen, unser Aufgabenverteiler im Betrieb lobt mich auch immer, weil ich lieber handele als quatsche. Darf ich dir näher treten?!

   Isabell Rex Text: Aber gewiß doch, so einen jugendlichen Liebhaber, das habe ich mir schon immer gewünscht. (Sie kosen und lachen ausgiebig).

Draußen vor der Tür

   Jeschua Rex Text: So ein Tag, so wunderschön wie heute, so ein Tag, der dürfte nie vergeh´n! Ach, wann habe ich dieses Lied das vorige Mal gesungen, es ist schon lange her. Was hat mensch doch für Schinderei und Plage, und unser Scheff sitzt mir immer im Nacken, ich soll doch mehr leisten, dabei bin ich schon fast sechzig Jahre alt, und mein Herz schlägt nicht mehr im richtigen Rütmus. Mensch hat es zwar wieder geheilt, aber der Zahn der Zeit, der Zahn der Zeit ...

 Als Kind habe ich mich noch wohlgefühlt, da haben wir schöne Weisen geträllert: Alle meine Entchen schwimmen auf dem See, schwimmen auf dem See, Köpfchen in das Wasser, Schwänzchen in die Höh`, Köpfchen in das Wasser, Schwänzchen in die Höh´oder Fuchs, du hast die Gans gestohlen, gib sie wieder her, gib sie wieder her, sonst wird dich der Jäger holen mit dem Schießgewehr, sonst wird dich der Jäger holen mit dem Schießgewehr oder "Laterne, Laterne, Sonne, Mond und Sterne, das Licht geht aus, wir gehen nach Haus, rabimmel rabammel rabumm!"

 Warum bin ich bloß erwachsen geworden, mensch hat nur Scherereien und Sorgen, mensch müht sich durch den Alltag, und einen Dank erhält mensch ja doch nicht. Die Jugendlichen starren immer nur auf ihr Händi, mit denen kann mensch sich ja doch nicht mehr unterhalten, und meine Ehefrau ist auch unzufrieden mit dem, was ich im Bett leiste. Soll ich mir etwa Viagra kaufen? Wer soll das bezahlen, wer hat so viel Geld?

Betritt die Wohnung

 Ha, was muß ich erblicken, und das in meinem Haus?!

   Isabell Rex Text und Dickerchen schrecken auseinander: Huch!

   Jeschua Rex Text: Was zum Teufel treibt ihr da?

   Isabell Rex Text: Ich kann dir alles erklären, Jeschua, es sieht anders aus, als es ist, Dickerchen wollte mir seine Briefmarkensammlung zeigen, und wir haben schon einmal etwas geübt.

   Dickerchen: Ach ja, richtig, meine Briefmarkensammlung, aber ich habe doch gar keine Briefmarkensammlung?!

   Isabell Rex Text: Das spielt doch jetzt überhaupt keine Rolle, reiß dich zusammen!

   Jeschua Rex Text: Also eine Briefmarkensammlung, so, so, auch noch lügen, das wird ja

immer schöner.
>Greift zum Vorschlaghammer<
Jetzt ist meine Geduld am Ende. Fort mit dir, du Lump, laß dich niemals wieder hier blicken!
>Jagt ihn mit dem Vorschlaghammer davon, Dickerchen fällt und liegt hilflos auf dem Boden der Stube.<
Ich trete dich etwas barsch
nicht in den Hintern, sondern in der Arsch!

Dickerchen: Au, au, au, hör auf, ich will es auch niemals wieder tun, ich will immer brav und artig sein!

Jeschua Rex Text: Das will ich aber auch hoffen,
hinaus, die Tür steht offen!

zweiter Aufzug

Jeschua Rex Text: So eine vertrackte Geschichte, meine Frau turtelt mit dem Dickerchen herum, ausgerechnet mit diesem düsteren Kerl, der die ganze Welt in einen Horrorfilm verwandeln will, mein heiteres Gemüt dagegen weiß sie nicht zu schätzen, ich würde niemals fremdgehen, dazu wäre ich gar nicht in der Lage. Wo bleibt meine Gute denn nur? Ach ja, sie wollte ja ihre Schwester besuchen, das dauert immer lange, da muß ich mich wohl selbst um das Abendessen kümmern.

>Es klopft an der Tür.<

Frau Leckermaul: Ah, Jeschua, treffe ich dich einmal allein, das ist aber schön, ich war schon immer scharf darauf, dich zu verführen, so ein stattlicher Adam kann sich doch nicht mit einer einzigen Eva begnügen, das wäre denn doch zu schade.

Jeschua Rex Text: Ja, wenn ich die eine Ledi nur zufriedenstellen könnte, und dann zwei, das wäre doch nun wirklich zu viel, ich werde nicht jünger!

Frau Leckermaul: Unsinn, es kommt immer auf die Anregung an, die mensch erhält. Gefalle ich dir?

Jeschua Rex Text: Ja.

Frau Leckermaul : Na siehst du, das ist doch schon einmal die halbe Miete. Ich hatte schon immer ein Auge auf dich geworfen, aber du wußtest meine weiblichen Reize ja nicht zu schätzen, doch das kann sich ja jetzt ändern.

Jeschua Rex Text: Meine bessere Hälfte wird erst in zwei Stunden von ihrer Schwester zurückkehren.

Frau Leckermaul: Na, dann haben wir ja reichlich Zeit.

>Sie kosen und lachen ausgiebig.<

Draußen vor der Tür

Isabell Rex Text: So ein Tag, so wunderschön wie heute, so ein Tag, der müßte nie vergeh´n! Ach, wann habe ich dieses Lied das vorige Mal gesungen, es ist schon lange her. Nein, diese Schande, daß mein Jeschua mich auch mit dem Dickerchen erwischen mußte, das war doch zu peinlich. Aber in unserem Bett muß etwas geschehen, ich muß doch einmal sehen, ob ich nicht etwas Viagra bekommen kann. Vor Scham könnte ich sterben, nein, was hat mein Jeschua getobt und gewütet, das war ja gar nicht zum Aushalten, ich möchte am liebsten sterben, denn wer tot ist, der hat seinen Frieden, der liegt in seinem kühlen Grab und braucht sich um nichts mehr zu kümmern! Na ja, gottseidank bin ich mit so einem Muffel wie Jeschua verheiratet, um den brauche ich nicht zu bangen, der ist treu wie Gold, er würde es auch sonst nicht schaffen, es wäre ihm zu anstrengen, eine andere Matilde als mich zu beglücken.

Betritt die Wohnung.

Ha, was muß ich erblicken, und das in unserem Haus!

Jeschua Rex Text und Frau Leckermaul schrecken auseinander: Huch!
Das habt ihr euch aber schön vorgestellt, mich hinter meinem Rücken zu betrügen, die dumme Urschel merkt ja nichts, nicht wahr, das darf ja wohl nicht wahr sein!

Jeschua Rex Text: So beruhige dich doch, meine Beste!

Isabell Rex Text: Ich bin nicht deine Beste, und jetzt schon gar nicht!

Jeschua Rex Text: Es verhält sich ganz anders, als es aussieht, Frau Leckermaul wollte mir nur die Fingernägel feilen, deshalb ist sie so nahe an mich herangerückt.

Frau Leckermaul: Ja, die Fingernägel, ganz richtig, ich habe aber gar keine Nagelfeile dabei!

Jeschua Rex Text: Das spielt doch jetzt gar keine Rolle, reiß dich zusammen!

Isabell Rex Text: Papperlapapp, was ich gesehen habe, genügt. Mir kann mensch kein X für ein U vormachen. Es reicht mir allmählich mit dir, Jeschua!

Greift zum Vorschlaghammer.

Jetzt ist meine Geduld am Ende, fort mit dir, du Flittchen, laß dich niemals wieder hier blicken!

Jagt sie mit dem Vorschlaghammer davon, Frau Leckermaul fällt und liegt hilflos auf dem Boden der Stube.

Ich trete dich in den Allerwertesten,
das ist sicherlich nicht am allerverkehrtesten.

Frau Leckermaul: Au, au, au, hör auf, ich will es auch niemals wieder tun, ich will immer brav und artig sein!

Isabell Rex Text: Das will ich aber auch hoffen,
hinaus, die Tür steht offen!

dritter Aufzug

Handwerker: So, jetzt ist alles fertig, Frau Rex Text, ich nehme den Vorschlaghammer nun wieder mit, oder braucht ihr ihn etwa noch?!

Isabell Rex Text: Ich hoffe doch wohl nicht, auf Wiedersehen, Herr Flinkhand, und schönen Dank für alles, es sieht wirklich prachtvoll aus, so richtig zum Wohlfühlen!

Handwerker: Das freut mich, ja, auf Wiedersehen. Die Rechnung schicke ich dir dann. (bei sich). Worauf du dich verlassen kannst, aber wird sie auch zahlen, das ist heute nicht mehr selbstverständlich, hmm, ich hoffe doch wohl, sie wird, merkwürdige Leute, also ich weiß immer, wann ich mein Handwerkszeug brauche! (geht ab)

Isabell Rex Text: Ich habe meinen Jeschua im Verdacht, wieder etwas Unsittliches angestellt zu haben. Er war an diesem Nachmittag nicht zuhause, und ich mutmaße, er hat sich wieder mit dieser Frau Leckermaul herumgetrieben, aber noch kann ich es ihm nicht beweisen, doch wenn ich ihm auf die Schliche geraten sollte, dann wehe ihm, dann gnade ihm Gott!

Es klopft.

Jeschua Rex Text, Dickerchen und Frau Leckermaul treten ein.

Jeschua Rex Text: Guten Abend, meine Gute, oh, wie sieht es schön aus hier. Ich habe dir zwei liebe Gäste mitgebracht.

Isabell Rex Text: Ausgerechnet die?!

Jeschua Rex Text: Keine Sorge, sie haben vor kurzem geheiratet, wir haben nichts mehr von ihnen zu befürchten, nicht wahr, ihr Guten?!

Dickerchen: Wir haben uns einen beherzigenswerten Spruch zueigen gemacht:
Üb immer Treu und Redlichkeit bis an dein stilles Grab
und weiche keinen Finger breit vom Pfad der Tugend ab!

Frau Leckermaul: So wollen wir es in Zukunft halten, wir wollen nur noch füreinander da sein, für manche Paare mag die Ehe ein Zwang sein, aber wir begreifen sie als eine Möglichkeit, glücklich zu werden

Isabell Rex Text: Darf ich euch einen Schnaps anbieten, ich habe tatsächlich eine Flasche im Haus?

Dickerchen: Nein danke, wir haben es eilig, wir wollten uns nur einmal kurz vorstellen und deine erstaunten Augen sehen, wenn du dies erfahren würdest.

Frau Leckermaul : Wir müssen nun unseren ehelichen Pflichten genügen, wenn du weißt, was ich meine, meine Gute! Tschüß!

Die beiden gehen ab.

Jeschua Rex Text: Und mild sang die Nachtigall ihr Liedlein durch die Nacht, die Liebe, die Liebe ist eine Himmelsmacht. Ich will dir immer treu sein.

Isabell Rex Text: Ich dir auch, aber laß uns nicht mehr darüber sprechen, du mußt mich jetzt ein bißchen unterhalten, denn ich bin ein wenig traurig. Sing mir doch einmal die mensche Nationalhümne, aber mit der gebotenen Vorsicht.

Jeschua Rex Text: Menschland, Menschland über alles, über alles in der Welt, mensche Frauen, mensche Treue, menscher Wein und menscher Sang!

Isabell Rex Text: Leise, Jeschua, die Nachbarn könnten es hören, dann wäre es aus mit der Idülle! Und jetzt möchte ich das Lied aus der Horrorschau hören.

Jeschua Rex Text: Willst du auch ein Menscher sein, ein Menscher in Menschland?

Isabell Rex Text: Leise, Jeschua, denk an die Nachbarn, und nun das andere Menschlandlied.

Jeschua Rex Text: Wenn ein Menscher und eine Mensche in Menschland menschen, dann wird in Menschland gemenscht.

Isabell Rex Text: Und nun das Lied über die Menschdorfer.

Jeschua Rex Text: Menschdorfer haben dicke Beine, Menschdorfer haben Doppelkinn,
    Menschdorfer fressen wie die Schweine,
  ach, ich bin so froh, daß ich kein Menschdorfer bin.
      Menschdorfer, Menschdorfer, Menschdorfer ...... (wird einmal wiederholt)

Isabell Rex Text: Wir dürfen uns gar nicht über Menschland unterhalten, denn guck doch einmal in die Runde: im Staat gibt es kein Menschland, in den Behörden gibt es kein Menschland, im Kolpinghaus gibt es kein Menschland, und auch in der Arbeitsförderung gibt es kein Menschland! Was soll das ganze Gerede über Menschland uns also nützen?!

Jeschua Rex Text: Es gibt immerhin die "Aktion Sorgenkind" nicht mehr, sie wurde in "Aktion Mensch" umbenannt, und gerade in den sozialen Einrichtungen trifft mensch heute schon auf viel Menschlichkeit. Mensch kann es aber noch steigern.

Isabell Rex Text: Sing uns lieber noch eine Hümne auf JEUNEX:

Jeschua Rex Text: JEUNEX, wir loben dich,
  JEUNEX, wir preisen dich,
  du bist der Gott,
  nur du kannst uns retten
  aus unsern Ketten.
  JEUNEX, wir loben dich,
  du bist der Gott!

Isabell Rex Text: Jetzt trage mir noch die Melodie von Jeschua Rex Text vor, aber beeil dich, gleich kommt die Tagesschau im Fernsehen!

Jeschua Rex Text: Jeschua Rex Text......

Isabell Rex Text: Das kann mich immer wieder rühren, doch Taschentuch beiseite, ich schalte jetzt die Flimmerkiste an.

Fernsehen: Frauenstimme: Herunter vom Sofa, aber sofort, öffne deine Hose, den Rest besorge ich, bist du auch hemmungslos, Modelle ohne Tabus geigen dir ihre Meinung, es gibt keine Schonung, es gibt keine Gnade, ruf an, aber sofort?!

Isabell Rex Text: Da habe ich wohl den falschen Sender gewählt. So, das ist der richtige.

Fernsehen: Männerstimme: An diesem Nachmittag wurde in der Welthauptstadt Jeschua Rex Text der Dichter und Sänger Jeschua Rex Text zum Beherrscher der Menschheit gewählt. Somit schweigen alle Waffen, die Gewehre und Kanonen knallen nicht mehr, der ewige Weltfrieden wurde eingerichtet. Alle Erdenbürger haben genug zu essen und zu trinken, die medizinische Versorgung für jeden Menschen ist gewährleistet, jeder hat eine Wohnung mit Tolette und eine ausreichende Grundversorgung, Die Zahl der Verbrechen wird sinken, die Kliniken und Gefängnisse werden sich leeren, der geistigen Gesundung wird auch eine körperliche Genesung folgen. Die Tiere und Pflanzen werden in ausreichendem Maße geschützt und bewahrt. Soweit unsere Berichterstattung aus der Welthauptstadt Jeschua Rex Text.

Isabell Rex Text: Also, da bist du an diesem Nachmittag gewesen, ich hatte schon etwas ganz anderes gedacht, aber nun ist ja alles gut, ich habe einen berühmten Ehemann, und ich bin die erste Dame des Staates, ich will dir auch immer treu bleiben, du bist ja mein Bester, ich will nicht einmal einen Blick anf andere Burschen werfen, aber du mußt mir versprechen, dir Viagra zu kaufen, nicht wahr?!

Jeschua Rex Text: Von meinem jetzigen Gehalt als Beherrscher der Menschheit kann ich es mir leisten, meinetwegen in einer goldenen Pillendose. Ich will auch niemals fremdgehen und immer nur zu dir halten, du bist ja doch die Beste.

Isabell Rex Text: Ja, ich will gern deine Beste sein, nun laß uns ein wenig aus dem Fenster gucken, in unserer Straße tut sich manchmal allerlei.

Schöne Frau geht auf dem Bürgersteig stumm von links nach rechts vorbei.

Jeschua Rex Text: Welch ein Anblick, bei JEUNEX, das haut mich um, da bleibe ich nicht stumm, diese Augen können mir taugen, an diesem Busen möchte ich schmusen, und dieser Po, er stimmt mich froh, oh, oh, oh, er gefällt mir so!

Isabell Rex Text: Wie kannst du nur, diese Schlampe stammt sicherlich aus einem Bordell, das ist eine Bordsteinschwalbe, wie die sich auftakelt und aufbrezelt, das macht doch keine anständige Mustergattin!

Jeschua Rex Text: Das sagst du ja nur, um mir den Genuß zu vergällen, das ist eine atemberaubende Sexbombe, so wahr ich Jeschua Rex Text heiße!

Sie sehen weiter aus dem Fenster.

Schöner Mann geht auf dem Bürgersteig stumm von rechts nach links vorbei.

Isabell Rex Text: O Gott, mich trifft der Schlag, welch eine Erscheinung, so sieht der Mann meiner Träume aus, ich muß mich zwar mit dir begnügen, aber wenn ich die Wahl hätte, dann würde ich sofort den nehmen, der weiß sich wenigstens elegant zu kleiden, du immer mit deinen alten Klamotten!

Jeschua Rex Text: Ach, der siedelt doch bestimmt am anderen Ufer, und der studiert an der anderen Fakultät, so wie der sich bewegt. Richtige Männer sehen anders aus!

Isabell Rex Text: Das sagst du ja nur, um ihn mir zu vermadigen, du gönnst menschem aber auch gar nichts.

Jeschua Rex Text: Das muß mich nun doch sehr betrüben, die eheliche Treue müssen wir noch üben.

Isabell Rex Text: Ja, du hast recht, das war schlecht, das war nicht gut, sie erhitzten unser Blut.

Jeschua Rex Text: Das muß mich nun doch sehr betrüben, die eheliche Treue müssen wir noch üben!

Isabell Rex Text: O ja!

Zeittafel der neuen Jahreszählung nach Jeschua Rex Text

Ich habe am 16. Mai des ersten Jahres vor Jeschua Rex Text einen amtlichen Ausweis auf den Namen "Jeschua Rex Text" bewilligt bekommen. Das erste Jahr in Jeschua Rex Text ist also das erste Jahr, in dem ich vom ersten Januar bis zum dreißigersten Dezember wirklich Jeschua Rex Text heißen darf. Dieses Jahr ist das erste Jahr nach der Fußballweltmeisterschaft in Brasilien, bei der Menschland zum vierten Mal gewonnen hat!

Gründung Roms:	2768 vor Jeschua Rex Text
Zäsar:	2115 bis 2059 vor Jeschua Rex Text
Heinrich der Löwe:	886 bis 820 vor Jeschua Rex Text
Tomas von Aquin:	790 bis 741 vor Jeschua Rex Text
Erasmus von Rotterdam:	551 bis 479 vor Jeschua Rex Text
Elisabet die Erste von England:	482 bis 412 vor Jeschua Rex Text
Paul Gerhard:	408 bis 339 vor Jeschua Rex Text
Johann Sebastian Bach:	330 bis 265 vor Jeschua Rex Text
Johann Wolfgang von Göte:	266 bis 183 vor Jeschua Rex Text
Wolfgang Amadeus Mozart:	259 bis 224 vor Jeschua Rex Text
Friedrich Schiller:	256 bis 210 vor Jeschua Rex Text
Heinrich von Kleist:	238 bis 204 vor Jeschua Rex Text
Heinrich Heine:	218 bis 159 vor Jeschua Rex Text
Richard Wagner:	202 bis 132 vor Jeschua Rex Text
Gottfried Keller:	196 bis 125 vor Jeschua Rex Text
Anton Bruckner:	191 bis 119 vor Jeschua Rex Text
Tomas Mann:	140 bis 60 vor Jeschua Rex Text
Astrid Lindgren:	108 bis 13 vor Jeschua Rex Text
Efraim Kischon:	90 bis 11 vor Jeschua Rex Text
das braune Reich:	82 bis 70 vor Jeschua Rex Text
Romi Schneider:	77 bis 33 vor Jeschua Rex Text
Geburt von Jeschua Rex Text:	24.12. 61 vor Jeschua Rex Text

Es muß immer der volle und unabgekürzte Name erwähnt werden, immer vor Jeschua Rex Text oder in Jeschua Rex Text.

Die Zahlen werden in Menschland anders gesprochen, als Beispiel diene:

11	zehneins, zehnundeins
12	zehnzwei, zehnundzwei
13	zehndrei, zehnunddrei
14	zehnvier, zehnundvier
15	zehnfünf, zehnundfünf
16	zehnsechs, zehnundsechs
17	zehnsieben, zehnundsieben
18	zehnacht, zehnundacht
19	zehnneun, zehnundneun
20	zwanzig
21	zwanzigeins, zwanzigundeins

und so weiter.

Die Gruppierung, die diese Weltanschauung vertreten soll, heißt:

die menschen Jeschua Rex Texte in JEUNEX

Partei
für den Frieden

kurz genannt: die Jeschua Rex Texte

Zuschriften bitte an die Anschrift:

Jeschua Rex Text
bei Joschua Havemann
Buschhausen 49
52224 Stolberg

die Werke

von

Jeschua Rex Text

1. aus dem Leben des ersten Menschen
2. Freunde
3. die Prinzessin von Regensburg
4. der Reichste der Welt in JEUNEX
5. die neue Bibel
6. der Tag des Herrn
7. die kesse Simone
8. Sex
9. Erlösung für Milliarden
10. der rollende Sieg
11. das mensche Reich
12. und der Reiche
13. Menscher und Mensche in JEUNEX
14. meine wunderschöne Ehefrau
15. Beherrscher der Menschheit
16. JEUNEX und der Mensche
17. die jeschuarextextlichen Menschen in JEUNEX
18. Frieden
19. die menschen Jeschua Rex Texte in JEUNEX in JEUNEX
20. die menschen Jeschua Rex Texte in JEUNEX, Partei für den Frieden
21. Liebe
22. das Reich des Jeschua Rex Textes, die geistigen Grundlagen
23. meine schöne und geistreiche Ehefrau
24. und die Menschdorferin
25. die sanfte Liese

26. die menschen Jeschua Rex Texte in JEUNEX in Jeschua Rex Text
27. Menscher und Mensche in Jeschua Rex Text
28. Jeschua Rex Text und Jeschua Rex Textin in Jeschua Rex Text
29. das Reich des Jeschua Rex Textes, die Staaten der Erde, das Mittelreich
30. einhundert Milliarden mensche Jeschuas
31. Gesundheit
32. die fünf Grundgefühle nach Hans Lungwitz: Hunger, Angst, Schmerz, Trauer, Freude
33. Selbstgespräche
34. der Reichste der Welt in Jeschua Rex Text
35. und der Sportliche
36. Sexer und Sexerin
37. Glück
38. Mensch kann im Leben alles erreichen durch positive Besinnungen!
39. das Ende des ersten Jahres vor Jeschua Rex Text
40. das erste Jahr in Jeschua Rex Text

das Reich des Jeschua Rex Textes

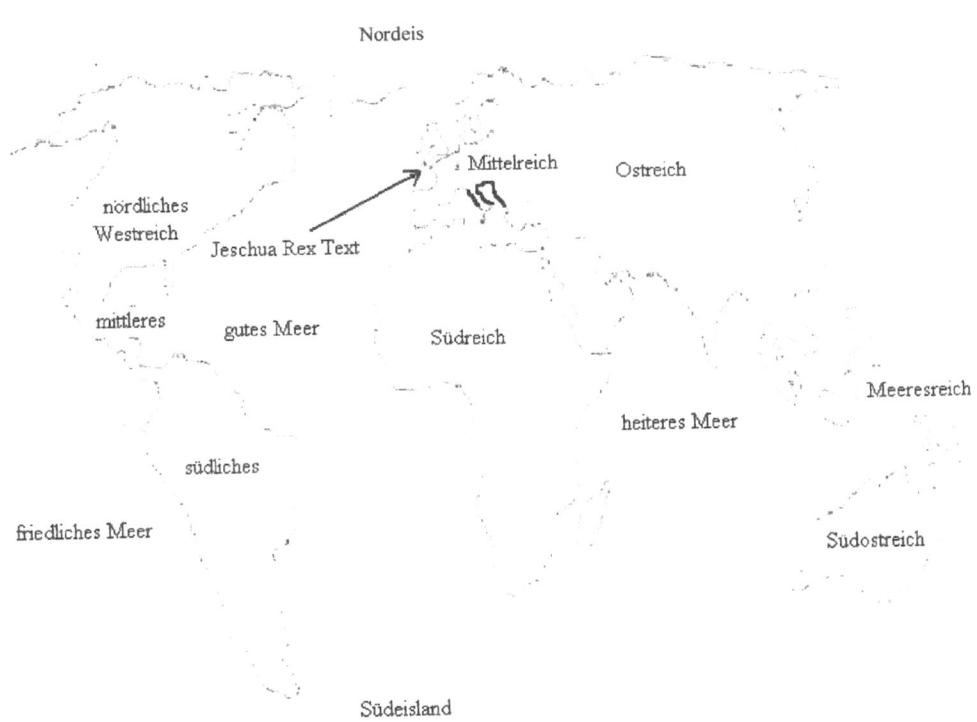